오프라
윈프리의
대화법

오프라 윈프리를 빛나게 하는 '5가지 대화법!'

① 타인의 아픔에 공감한다!

오프라 윈프리는 아무리 가혹한 시련 가운데 서 있는 사람에게도 "나도 당신이 겪는 고통을 알고 있다."는 태도로 말한다. 타인의 아픔을 함께하면서 타인의 공감을 얻는다.

② 진지하게 듣는다!

오프라 윈프리는 작은 일도 생략하거나 넘겨짚지 않고 진지한 반응을 보인다. 재미있는 말에는 발을 동동 구르며 웃고, 슬픈 이야기에는 눈물을 흘리며 함께 슬퍼한다.

③ 긍정적으로 말한다!

오프라 윈프리는 "안 된다."보다는 "노력해본다." "틀렸다."보다는 "다시 생각해볼 여지가 많다." "나쁘다."보다는 "좋지 않다."라고 말하면서 호감을 준다.

④ 정직하고 솔직하게 말한다!

오프라 윈프리는 기쁨도 그 크기대로, 고통도 그 크기대로 말한다. 사람들이 그녀를 주목하게 된 것은 그녀가 과거를 고백할 때, 항상 정직하고 솔직한 자세로 말했기 때문이다.

⑤ 사랑스럽고 따뜻한 표정을 짓는다!

오프라 윈프리는 사랑스럽고 따뜻한 표정으로 말한다. 감정 표현을 자제해 무표정한 표정을 짓지 않는다. 상대방에게 행복의 메시지를 전달하여 말에 설득력을 높인다.

25년간 35,000명과 소통한 '대화의 기술!'

오프라 윈프리의 대화법

| 이영호 지음 |

smart business

'대화의 여왕'에게,
아주 특별한 '말솜씨'를 배우다!

말솜씨만으로 세계 정상의 자리에 오른 여자가 있다. 평범한 이웃에서부터 대통령에 이르기까지, 25년간 35,000명과 소통했다. 물론 인기 스타들도 앞다퉈 그녀와 대화하기에 나섰다. 전 세계 수많은 시청자들이 그녀 때문에 울고 웃는다.

그녀가 진행하는 방송 프로그램의 시청률은 선두를 달리고, TV를 지켜보는 시청자들은 때로는 눈물을 흘리고 때로는 웃으면서 행복해한다. 방송 진행을 맡은 그녀 또한 함께 울고 웃는다. 그녀의 이름은 바로, '오프라 윈프리'다.

그녀 때문에 오프라히제이션Oprahization, 오프라 윈프리 쇼에서 다루면 사회적 파장을 몰고 온다, 오프라피케이션Oprahfication, 집단 치료 형태로써 대중들 앞에서 고백하며 치유되는 현상을 말한다, 오프라히즘Oprahism, 인생의 성공은 타인이 아닌 자신에게 달렸다이라는 신조어까지 생겼다.

조금 망가지더라도, 진심에 다가가라!

오프라 윈프리는 미국 문화계를 흔드는 커다란 트렌드다. 수많은 토크쇼 사회자들이 제2의 오프라 윈프리를 꿈꾸고 도전하지만 번번이 실패한다. 단순한 모방에 그칠 뿐, 그녀가 토크쇼에서 보여준 '진심'에는 다가가지 못하기 때문이다.

수많은 토크쇼가 방영되는 미국에서 그녀의 쇼가 그토록 주목을 끌었던 이유는 무엇이었을까?

그녀의 토크쇼는 매우 이색적인 포맷을 가지고 있다. 그것은 진행자 자신이 때로는 게스트가 되기도 하고, 시청자가 되기도 하며, 동병상련의 피해자가 되기도 한다는 점이다.

그녀는 자신의 힘든 어린 시절과 성폭력 피해자라는 사실에 대해서도 과감히 언급했고, 다이어트 경험에 대해서도 털어놓았다. 그녀는 다른 토크쇼 사회자들이 방송을 위한 이야기들, 그러니까 가식적으로 오직 타인에 대한 이야기를 늘어놓을 때, 게스트 또는 시청자와 공감의 고리를 찾는 데에 주목했다.

사람들을 사로잡은 그녀의 전략은 바로 그 '진정성'에 있었다. 성폭력 피해자가 눈물을 흘리며 고통의 세월을 호소할 때, 나도 그런 경험이 있었다고 고백하며 게스트를 부둥켜안고 함께 울어 줄 수 있는 진행자가 과연 다시 존재할 수 있을까?

그녀는 가장 높은 곳에 올라서서도 자신이 가장 낮은 곳에 있던 시절의 치부를 그대로 드러내 보였다. 아주 제대로 망가져 버렸다. 정말 치밀한 사람이라면 망가지는 것도 확실하게 망가질 줄 알아야 한다. 망가지는 것이 내 빈틈을 드러내는 것이 아니라, 더욱 확고한 내 것을 지키는 것이 될 수 있음을 말한다.

TV 앞에 모여든 사람들을 웃고 울게 만드는 신비한 마력의 소유자, 시청자뿐 아니라 방송을 하는 동료와 선후배들에게도 존경과 사랑을 받는 오프라 윈프리의 노하우가 궁금했다. 다년간 방송 연예계에서 발을 담그고 살아온 필자의 입장에서도 여간 생경한 일이 아니었다. 그래서 그녀에 대한 시선을 멈출 수 없었다.

수많은 매스컴이나 책에서 다뤄진 오프라 윈프리 이야기는 필자의 주된 관심의 대상이 아니었다. 남들이 모르는 그녀만의 성공에 대한 비밀도 아니었다. 그런 다큐멘터리는 지금의 방송 현장에서 날고 긴다는 훌륭한 프로듀서들이 언제나 할 수 있는 이야기였고, 필자보다도 더 자세하고 선명하게 보여줄 수 있을 것이다.

그래서 필자는 이 책에서는 오프라 윈프리의 성공에 대한 주제 대신, 그녀의 대화법에 대해 이야기한다. '대화의 여왕'이라고 불리는 세계적 톱스타에 대한 리포트이기도 하다. 그녀에 대한 이야기는 여러 시간 동안 풀어야 할 숙제이기도 했다. 숙제의 첫 장을 펼친 후부터 마지막 페이지를 덮기까지, 그녀의 이야기에 멈출 수 없는 재미와 유쾌함으로 눈을 뗄 수 없었다.

오프라 윈프리에게 '대화의 기술'을 배우자!

참 좋은 대화법에 대해 목마른 사람이라면 누구나 공감할 이야기를, 필자는 이 책에 담고 싶었다. 그녀의 성공을 이뤄낸 원동력이 된 그녀만의 대화법이 무엇인지 알고 싶었다.

그래서 필자는 오프라 윈프리의 조금 다른 이야기에 집중했다. 그녀에 대한 이야기를 정리해오던 중, '순발력'과 함께 우울함을 유머로 바꾸는 '위트'를 발견하게 되었다. 그녀의 성공은 자신의 천재성과 맞물려 어릴 때부터 꾸준히 다져온, 그녀 자신만의 철학과 생활 속에서 최선을 다하는 노력이 빚어낸 결과물이었다. 이 책에서 오프라 윈프리의 개인의 사상과 인간성이나 관점에 대한 이야기보다는 그녀의 대화법을 말하게 된 이유다.

그래서 오프라 윈프리의 성공 기저를 '상대방의 심장을 울리는 공감 능력'으로 정의하게 되었다. 어려움을 즐거움으로, 피곤함을 생기발랄함으로, 부끄러움을 위트와 유머로 반전시키는 상황 만들기가 특징이었다. 거기에 추가하여 그녀는 '대화 상대방의 가슴에 담긴 이야기 속으로, 깊이에 대한 적정선'을 정확하게 지키는 능력의 1인자이기도 했다.

조금 더 나가면 휘발성 재미주의 방송이라고 빨간 불이 켜지고, 조금 덜 다가가면 누구나 가능한 하나마나한 싱거운 유머가 되는 상황, 그녀의 천재성이 '기가 막히게 잘 지키는 적정선'이기도 했다. 이 모든 게 '상대방의 심장을 울리는 공감 능력'으로 정의될 수 있다.

오프라 윈프리의 성공 요인은 '자기를 낮추고 상대방을 존중하고 배려하는 따뜻한 소통 능력'에 있다. 상대의 위치보다 항상 조금 낮게 자신을 놓으며, 상대를 존중하고 '배려'하는 장점을 가지고 있다. 이런 오프라 윈프리 스타일의 대화법이야말로 온라인과 오프라인 실생활에서 모두 활용 가능한 노하우다.

그녀의 현재 모습은 '셰어 앤 투게더Share & Together'다. 함께 베풀고 함께 나누는 일은 대화를 통해서 가능하다. 그래서 오프라 윈프리의 역사는 여전히 현재 진행형이다.

겸손과 배려로 상대방의 가슴을 노크하라!

사람들은 요즘 세상을 가리켜 '대화 부족의 시대'라고도 부른다. 이 책에 담긴 오프라 윈프리의 대화법에 주목해야 하는 이유가 있다. 그것은 바로, 그녀는 무대에서 주어진 환경을 탓하고 불평했던 사람이 아니라는 데 있다. 부정을 긍정으로 바꾸고, 긍정이 주는 무한 에너지를 원동력으로 삼아 성공 무대로 바꾼 데 있다.

대화를 독점하는 사람은 대체적으로 타인의 말에 귀를 기울이는 배려가 부족한 사람들이다. 사람은 자기 말을 잘 들어주는 상대에게 호감을 갖기 마련이다.

남녀관계뿐 아니라, 동성 간의 대화에서도 '나는 당신에게 귀를 기울이고 있습니다'라는 인상은 극적인 호감을 불러일으킨다. 그런 면에서 말에 욕심이 많으면 인간관계에서 실패할 확률이 높다.

대화 스타일을 보면 '말하기'에 능숙한 사람과 '듣기'에 능숙한 사람으로 나뉜다. '말하기'를 좋아하는 사람들끼리 만나면 굉장히 많은 이야깃거리가 쏟아진다. 이들은 자신이 꺼낸 화제에 대해 상대방의 호응과 반응을 기대한다. 서로 이야기하고 있지만 공통분모를 찾을 수 없는 일방의 대화다. 대화의 끝은 순식간에 허무해질 수 있다. 많은 이야기를 나누었지만, 내가 한 이야기만 기억에 남는다. 만남 이상의 의미를 찾기도 힘들어진다.

'듣기'에 능숙한 사람들끼리의 만남은 어떨까? 왠지 따분하고 심심할 것 같은가?

'듣기'를 좋아하는 사람들은 서로 상대방의 이야기에 관심을 보인다. 상대방의 의견과 라이프스타일을 궁금해한다. 타인을 관찰하기도 하고, 음미하기도 하고, 재해석하기도 한다. 그러므로 서로 간의 대화가 환상의 복식조를 이룬다.

이것이 바로 쌍방향이고 커뮤니케이션이다. '말하기 → 듣기'의 순서가 아니라, '듣기 → 말하기'의 순서가 된다. 서로 그러한 마음 자세를 가지고 있으므로, 대화는 허공이 아닌 상대방의 마음에 울려 퍼진다. 그래서 '소통'이 절실한 시대, 오프라 윈프리가 다시 주목받는 이유다.

사람의 마음을 들여다보며 대화하라!

수십 년간 대화의 여왕 자리에서 정상을 지킨, 지금도 대화법을 떠올리면 단연코 독보적인 여성 스타가 오프라 윈프리다. 그녀의 대화법은 말의 테크닉을 넘어선 흐름을 읽는 탁월함에 있다. 방송가에서 활동하는 무수히 많은 '말 잘하는 사람들' 틈에서도 타의 추종을 불허한다. 그녀는 자신만의 독특한 소통 방법으로 시청자들과 출연자들까지 '들었다 놨다' 하며 시선을 고정시킨다.

그래서 시청자들은 오프라 윈프리를 바라보며, 마음을 따뜻하게 해줄 소통의 대화를 기다린다.

이 책은 오프라 윈프리를 통해 배우는 대화법이기도 하지만 동시에 대인관계에서 어떻게 말을 해야 하고, 어떤 말을 꺼내지 말아야 할지 알려주는 지침서이기도 하다. 또한 글로벌 무대에서 활동하는 사람에게도 제격이다. 글로벌 스타, 오프라 윈프리의 대화법이라서다. 한국인들의 대화법에도 제격이다. 그녀의 대화에는 겸손과 상대를 향한 배려가 기본으로 전제되기 때문이다.

대화가 두려운가? 상대방과 이야기하는 게 서툰가? 모든 대화에서 설득하기 힘이 드는가? 상대방을 내 편으로 만드는 대화를 하고 싶은가?

오프라 윈프리라는 대화의 여왕의 모습을 찾아가며 '나는 지금까지 어떤 대화를 했는지', '내 주위에 사람들이 모여들게 하기 위해서는 어떻게 해야 하는지', '나는 어떻게 대화를 나눠야 하는지'에 대해 배울 수 있다.

오프라 윈프리는 카메라 앞에서 단순히 출연자들 하고만 이야기하지 않았다. 그녀는 시청자의 마음속을 들여다보면서 이야기했다. 그래서 이 책은 당신에게 필요한 대화의 노하우를 글로벌 스타, 오프라 윈프리로부터 배우게 해준다. 그녀의 따뜻한 겸손과 배려로부터 시작되는 소통에 관한 이야기다.

· 차 례 ·

Listening

오프라 윈프리 대화법,

'상대방의 귀는 내 마음을 듣는다'

Speaking

오프라 윈프리 대화법,

'듣기 원하는 말, 가슴을 흔드는 말'

'당신은 아이들을 얼마나 많이 보호하고 있나요?'
'여성들이 버림받는 이유'
'남편들을 위한 학교'
'여성들이 저지르기 쉬운 10가지 실수들'
'헤어진 남자를 잊기 어렵다면?'
여성들이 일상생활에서 겪는
고민거리들을 해결하며 메시지를 공유합니다.

by 오프라 윈프리 쇼

'우리 대화할까요?'

미국 남부 지역, 지리적으로 테네시 주의 아래에 위치한 미시시피에서 1954년 1월 29일 태어난 오프라 윈프리는 출생부터 평범한 삶을 기대하기가 어려웠다. 사생아로 태어나 자라던 9세 때 사촌에게 성폭행을 당했으며, 정신적 충격과 주위 환경 탓에 마약에 손을 대기도 했다. 그녀는 그 누구보다도 어렵고 희망이라고는 찾아보기 힘든 불우한 어린 시절을 보냈다.

그녀의 나이 16세가 되던 해 어느 날이었다. 테네시에서 열린 연설대회에 참가하게 된 오프라 윈프리는 "나중에 커서 뭐가 되고 싶으냐"라고 묻는 심사위원의 질문에 "기자가 되어서 이 세상과 사람들의 인생을 변화시키는 이야기를 전할 거예요!"라고 대답한다.

이 이야기는 오프라 윈프리가 애초에 꿈꿔오던 이야기는 아니었다. 당시에는 대회에 참가한 사람들이 여럿 있던 상황, 심사위원의 같은 질문에 이미 좋은 대답은 앞에서 말해 버린 뒤였다. 그녀는 즉석에서 생각나는 대로 대답했다.

심사위원의 질문에 남들과 똑같이 대답하기 싫어서 생각난 대로 내뱉은 말이었지만, 오프라 윈프리는 '와! 대단한데?'라고 스스로를 대견하게 여겼다. 자신도 모르는 사이에 입 밖으로 튀어나온 이야기를 듣고 나서야, 비로소 꿈을 꾸기 시작한 순간이었다.

　그 순간부터 그녀의 꿈을 향한 시선은 방송 쪽으로 향했다. 그리고 미시시피에서 테네시로 옮겨와서 살아가던 시기, 라디오 프로그램에서 일을 시작하게 되었다. 오프라 윈프리는 그로부터 얼마 후, 19세가 되던 시기에 지역 방송의 저녁뉴스의 공동 뉴스캐스터가 되기에 이른다. 그렇게 방송계에 입문하게 되었다.

　드디어 어린 시절의 꿈을 이룬 것일까?

　1983년 시카고에서 가장 낮은 시청률을 기록하고 있던 30분짜리 토크쇼 〈에이엠 시카고〉의 진행자가 바뀌게 된다. 그리고 한 달 후, 미국 최고의 토크쇼 〈필 도나휴 쇼〉를 앞지르고 만다. 그 새로운 토크쇼의 진행자가 바로 오프라 윈프리다. 주부들의 잡담 정도로 여겨졌던 아침방송은 3년 후, 미국 전역에 동시에 방송된다.

　오프라 윈프리가 선보인 '고백을 통한 소통' 방식이 주효하면서 세계적으로 유명한 TV쇼로 거듭나게 된 순간이었다. 우리가 너무 익숙한 〈오프라 윈프리 쇼〉의 시작이었다. 이후 25년간 총 5,000회 방송, 미국 내 시청자 수 2,500만 명, 전 세계 140개 국 방송, 일일 시청자 수 700만 명, 세계 방송 역사의 기록을 다시 세운다.

　"제가 방송을 본격적으로 시작하게 된 계기는 16살 때였어요. 전혀 예상하지 못했던 순간이 찾아왔죠. 이발사인 아버지가 살던 테네시로 와서 지내던 어느 날, 테네시에서 열린 연설대회에 참가하게 된 게 시초라고 여겨요. 오프라 윈프리 쇼를 시작할 때는 반드시 성공하겠다는 결심

하나로 이어나갔는데, 처음엔 다른 사람들과 경쟁해야 된다는 것이 스트레스였고요. 그다음엔 나 자신과 경쟁해야 된다는 게 스트레스였죠. 끊임없이 노력하며 밀어붙였던 거죠."

그리고 2013년, 오프라 윈프리는 하버드대학교 졸업생들 앞에서 축사를 하게 된다. 그녀에게 있어서 그날의 축사도 방송 진행과 하등 다를 바가 없었다. 카메라 앞에서 오프라 윈프리가 출연자들과 대화하는 모습이, 장소만 바뀌어 하버드대학교 졸업식장 연단 앞에서 청중들과 대화하는 모습이 되었을 뿐이었다.

그녀의 시선은 청중들의 반응을 살피며 그들의 일거수일투족을 골고루 확인했다. 졸업의 기쁨을 누리는 사람들 앞에서 자신이 준비한 원고를 읽어야 하는 시간은 한정되어 있었다. 하지만 이야기에 강약을 주면서 강조할 부분, 농담인 부분을 이해하기 쉽게 이야기하고 청중들과 호흡을 나누며 공감하는 능력은 오프라 윈프리 쇼 그 자체였다. 세계 최고 수준의 지성을 갖춘 하버드대학교라서가 아니었다. 항상 좋은 대화에는 군이 어려운 단어를 사용할 필요가 없었다.

하버드대학교 졸업생들, 가족들, 지인들 등 수많은 사람들의 시선이 쏟아지는 강단에 홀로 선 오프라 윈프리는 "오! 하나님, 제가 하버드에 있습니다!"로 축사를 시작했다. 그리고 하버드대학교 교수진 및 직원들에게 먼저 인사를 건넸고, 자신의 지인 '헨리 루이스 게이트' 박사에게도 인사하였으며, 강연을 듣고 있는 학생들과 11억 5천만 달러를 기부한 1988년 졸업생들에게도 감사하다는 인사를 먼저 꺼냈다.

그러고 나서야 "2013년 졸업생 여러분 안녕하십니까!"로 자신의 앞에 앉은 사람들과 시선을 마주치기 시작했다. 하버드대학교 졸업식장을 가득 메운 수많은 청중들이 오프라 윈프리의 말 한 마디, 한 단어에 귀를 기울였음은 물론이다. 그 귀 기울임은 한 불우한 인간이 이뤄낸 위대한 성공과 그 성공의 자리를 25년간이나 지켜낸 데 대한 존경의 표시이기도 했다.

•   •   •

오프라 윈프리는 말한다.

"진정한 목소리는 무엇인가?"

"이야기의 주제는 무엇인가?"

"이야기의 목적은 무엇인가?"

오프라 윈프리는 '대화의 힘'이자 '이야기가 가진 능력'을 중요시한다. 그녀는 한 소녀를 인터뷰하던 1994년 어느 방송을 떠올린다. 도움이 필요한 사람에게 주고 싶다며, 9살 소녀는 용돈으로 1천 달러를 모았다고 이야기했다. 그녀는 그 소녀의 이야기를 들으며 자신에게 되물었다.

"9살 소녀도 하는데, 나는 얼마나 모을 수 있을까?"

소녀의 이야기에 감동받은 그녀는 시청자들에게 이야기를 꺼냈다. 잔돈을 모아 달라. 우리 주변에 도움이 필요한 사람을 돕는 데 나서자!

그녀의 이야기를 들은 시청자들은 어땠을까? 큰돈을 이야기하는 게 아니었다. 사람들은 각자가 갖고 있던 5센트, 10센트 동전을 모았다. 그러자 놀라운 일들이 벌어졌다. 한 달이 지났을 무렵, 시청자들이 모아준 잔돈은 어느새 3백만 달러나 되었다. 그녀의 진심이 담긴 이야기 한마디가 결실을 맺게 된 사건이었다.

그리고 이 돈은 오프라 윈프리 쇼를 통해 시청자들의 이름으로 미국의 각 주에서 한 명의 학생을 선발해서 대학교 등록금으로 사용되었다. 오프라 윈프리는 이야기한다. 자신이 한 일은 단지 시청자들과 진심을 담아 대화를 했을 뿐이었다고.

그녀가 사람들에게 이야기한 건 우리가 어디에서 무엇을 하든, 인생의 어느 시기를 지나든 우리들이 할 수 있는 일을 해달라는 것뿐이었다. 시간이든, 재능이든, 갖고 있는 돈이든, 우리가 나눌 수 있는 것으로 세상 어딘가에서 도움을 필요로 하는 사람을 위해 돕자는 이야기를 했을 뿐이었다.

그러자 사람들이 움직였다. 서로 얼굴도 모르고, 누구인지도 모르고, 어디에 사는지도 모르는 사람들이 오프라 윈프리의 이야기를 듣고 움직여주었다. 그녀는 오직, 우리들이 갖고 있는 '선함'을 다른 사람들에게 전해달라는 부탁을 했을 뿐이었다.

그녀의 이야기를 들은 사람들이 움직인 결과는 놀라웠다. 12개 나라에 55개 학교를 세웠다. 2005년 8월 말, 미국 뉴올리언스와 남부 해안 도시들을 휩쓸며 엄청난 피해를 안겼던 허리케인 카트리나로 붕괴된 가옥 3백여 채를 다시 지을 수도 있었다.

어느 개인의 이야기 한 번에 이뤄진 거대한 열매였다. 이야기의 힘을 보여주는 순간이었다.

오프라 윈프리는 자신의 대화법에 대해 이렇게 고백한다. 자신은 방송 일을 오래했지만 항상 어떤 대화를 할 때는 자기 내면의 GPS에 따라 방향성을 정한다. 토크쇼와 인터뷰, 비즈니스, 자선사업 등 자기가 할 수 있는 모든 일을 '사람들을 하나 되게 하는 것'에 초점을 맞춘다.

그녀는 현재를 살아가는 우리들에게 이야기한다.

"여러분들에겐 힘이 있습니다. 여러분들은 역사상 그 어떤 세대보다도 더 많은 영향력과 능력을 가지고 있습니다."

· · ·

오프라 윈프리 자신은 아날로그 시대를 살았다고 고백한다. 하루에 2천만 명의 시청자들과 대화할 수 있는 자리에 앉는 축복을 누렸다고 이야기한다. 하지만 지금은 그녀가 TV쇼를 통해 2천만 명의 사람들과 대화하던 것과 비교도 안 될 정도로 트위터, 페이스북, 유튜브, 인스타그램 등의 SNS를 통해 단 몇 초 만에 수억 명의 사람들과 대화할 수 있다.

기성세대들은 요즘의 젊은 세대들을 가리켜 현실과 동떨어진 삶을 살아가는 사람들이라고 치부하지만, 그건 사실과 다르다. SNS로 연결된 사람들은 온라인 가상 세계에만 머무르지 않고, 다양한 방법으로 현실 세계에 참여한다.

오프라 윈프리는 이러한 현상을 가리켜 "거짓을 용납하지 않는, 정직을 바탕으로 서로에 대한 이해를 중요시하는 사람들 덕분이다."라고 이야기한다. 우리 사회가 발전할 수 있는 것은 이러한 전통적인 가치에 의해서라고 말한다.

그러면서 그녀는 자신이 알게 된 대화법의 교훈을 이야기한다. 오프라 윈프리 쇼를 진행하던 25년간 자신이 배운 가장 중요한 교훈은 사람들의 이야기에는 어떤 공통분모가 있다는 것이었다. 대부분의 사람들은 상대방으로부터 차별받거나 배제되는 것을 원하지 않는다. 또한 우리 모두는 누군가로부터 '인정받기를 원한다'는 점이었다. 다른 사람이 자신을 알아주길 바란다는 얘기다.

오프라 윈프리가 25년간 만난 35,000명의 인터뷰에서도 다르지 않았다. TV 스튜디오에 카메라가 꺼지자마자, 그녀에게 다가와서 너나 할 것 없이 항상 묻는 질문은 "괜찮았어요?"였다. 부시 대통령도, 오바마 대통령도, 사람들에게 감동을 준 영웅들이거나 우리들 주변에 평범한 주부들도, TV쇼에서 만난 범죄 피해자들도, 심지어 가해자들도 마찬가지였다.

미국의 인기 팝가수 '비욘세'도 다르지 않았다. 비욘세는 공연을 끝내자마자, 오프라 윈프리에게 마이크를 넘기며 그녀에게만 들릴 정도로 속삭이듯 물었다.

"괜찮았어요?"

오프라 윈프리는 사람들은 친구이든, 적이든, 가족이든, 그 누구든지 모든 논쟁과 모든 만남과 모든 교류에서 그들이 알고 싶어 하는 것은 모두 비슷하다고 말한다.

"내 이야기 괜찮았어요?"

"내 이야기 들었어요? 나를 보고 있는 거죠?"

"내 이야기 듣고 어떤 생각이 들었어요?"

오프라 윈프리는 "요즘엔 많은 사람들이 온라인에서 페이스북을 이용하지만 사람들에게 더 필요한 건 얼굴과 얼굴을 맞대고 이야기하는 대화가 더 중요하다."라고 말한다. 서로 각자와 의견이 다른 사람들과 만나서 나누는 대화를 말하는 것으로서, 우리들은 사람들을 직접 만나서 그들의 눈을 바라보면서 그들의 관점을 들어야 한다고 제안한다.

● · · ·

25년간 35,000명을 만나서 인터뷰한 오프라 윈프리, 그녀가 내린 결론은 '진실로 소통하는 대화법'이라고 말할 수 있다. 온라인 세상에서 SNS로 나누는 메시지뿐만 아니라, 직접 사람과 사람이 만나서 얼굴을 마주 보고 나누는 이야기까지 가리킨다. 온라인 메시지와 오프라인 대화까지 아우르는 오프라 윈프리식 대화법이다.

그래야만 나와 의견이 다른 상대방을 이해하는 데 도움이 되고, 개인의 발전은 물론이며, 우리들이 살아가는 사회의 발전에도 필수적이다. 자신의 굴곡진 삶을 이겨내고, 다른 사람들의 이야기를 들으며, 각자의 선함을 다른 사람에게 전파하고자 노력하는 여성의 이야기일 뿐이라고 치부할 수만은 없는 이유다.

그래서 '오프라 윈프리의 대화법'은 특별하다. 미국 대통령에서부터 인기 가수는 물론이고, 우리 주변의 평범한 주부들처럼 보통 사람들의 이야기와 때로는 심각한 범죄의 피해자와 가해자들로부터 듣는 이야기들까지, 상대로부터 진지한 고백과 그들의 이야기를 꺼낼 수 있게 해준 '대화의 기술'이라고 부를 수 있어서다.

한 걸음 더 나아가서, 오프라 윈프리의 대화법이란 일상생활이 대부분 온라인에서 이뤄지는 현대사회를 살아가는 우리들에게 무엇이 진정한 대화법인지 알려주는 유일무이한 노하우라고 단정하는 이유다.

그녀의 이야기 안에는 다른 사람들 앞에서 "괜찮았어요?"라고 묻는, 다른 사람들에게 인정받기 원하는 우리들의 평범한 삶의 이야기가 고스란히 녹아 있다. 그리고 누군가와 대화할 때면 익숙하지 않아서, 낯설어서, 방법을 몰라서, 서툴러서 고민하는 모든 이들에게 이보다 더 좋은 대화법 가이드는 없다고 단언하려는 이유다.

지금 당장 오프라 윈프리의 대화 노하우를 만나보자.

1.
대화 연습은
선택이 아닌 행동

오프라 윈프리의 대화에는 잘 연습된 스토리가 담겨져 있다.

그녀의 대화를 보면 이야기를 나누면서 상대가 자신의 이야기를 잘 들을 수 있도록 배려한다. 이러한 배려와 준비성은 많은 연습을 통해서 가능하다. 거울을 놓고 해도 좋다. 대화하는 연습을 하자. 이야기하는 훈련이 필요하다.

많은 이들과 대화를 나누다보면 이야기를 듣는 사람들 중에서도 내 이야기에 특별히 관심을 갖는 몇몇 사람들이 보인다. 형식적으로 내 이야기를 듣는 척하는 사람도 있는 반면에, 내 이야기를 수첩에 적어가며 빠트리지 않으려고 노력하는 사람이 보인다는 뜻이다.

이야기를 듣는 둥 마는 둥 형식적인 자세를 취한 사람에게는 집중을 요구하지 말고, 이야기를 듣는 그 사람에게 집중해서 말하는 것이 좋은 방법이다. 내 이야기를 집중해서 들어준 사람이라면, 최소한 대화가 끝나고 자리를 옮기더라도 내 이야기를 기억해줄 사람이기 때문이다.

대화 연습하기는 선택이 아니라 행동이다. 말을 잘하는 사람들은 명언이나 속담을 인용할 때도 자연스럽게 전달된다. 그러나 막상 따라하면 생각만큼 쉽지 않다. 대화 초보자일수록 자신이 전하고자 하는 말 따로,

명언이나 격언 따로 전달되어 '도대체 저 사람이 왜 저런 이야기를 하는 건지' 모를 만큼 대화가 어색하게 된다.

그렇다면 '어떤 정보'를 관찰하고, 그 정보를 내 것으로 만들기 위해서 어떤 방법을 사용해야 할까?

첫 번째, '좋은 정보'를 많이 갖고 있다고 하더라도 딱 한 개씩만 대화에 응용하자. 정보를 알려주면 듣는 사람은 새로운 사실을 알게 되어 대화 내용에 귀를 쫑긋 세우게 된다. 그러나 정보의 사용 빈도수가 잦게 되면 나중에는 무슨 이야기를 들었는지 기억도 나지 않을뿐더러, "그래서 하고자 하는 말이 뭐지?"라는 이야기까지 듣게 된다. 재미있는 정보만 알려준다고 해서 탁월한 대화 능력을 갖춘 것이 아니다. 딱 한 가지 정보라도 제대로 요리하는 습관부터 들이도록 하자.

두 번째, 습득한 정보를 '누구'에게 적용시킬지에 대해서도 충분히 고민한다. 같은 테마를 가지고도 대화 상대에 따라 전달되는 의미가 크게 다르기 때문이다. 펭귄은 북극의 혹독한 추위를 이겨내기 위해 안과 밖을 차례로 교대하면서 잠을 잔다고 한다. 이러한 정보를 습득했다면 30대에게는 팀워크에 대한 주제로, 50대에게는 펭귄처럼 희생하면서 살아온 인생에 감사한다는 내용으로 각각 응용한다면 맛있는 대화 연출법이 가능해진다.

세 번째, '습득한 정보'보다 '대화 주제'가 선행되어야 한다. 자칫 잘못하면 '스토리만 있고 핵심 내용은 없는' 웃지 못할 상황까지 연출되게 된다. 맛있게 말하고자 하는 의지가 클수록 이러한 실수를 저지를 확률도 높다. 프리젠테이션이나 면접을 보게 될 때, 깊은 인상을 각인시키고자 한다면 거울이나 벽을 보고서 충분한 연습을 하자. 백 번의 연습보다 만 번 연습이 실수를 줄이는 유일한 방법이다.

만약 습득한 정보가 생각나지 않는다면 자신이 하고자 하는 대화 내용에만 충실하면 된다. 이는 대화 초보자들이 쉽게 저지르는 실수로, 대화의 가치보다 화법 테크닉에 더 큰 비중을 둘 때 저지르기도 하다.

네 번째, 한 가지 테마를 집중적으로 관찰하자. 가지치기로 정보 습득을 해나가면 그 분야와 관련하여 전문가가 될 수 있다. 다큐멘터리에 집중하면 책 열 권을 읽는 것보다 많은 지식을 습득할 수 있으며, 하루에 한 개씩 유머만 익혀도 3달이면 100개에 가까운 유머를 알게 된다. 경제주간지를 신청하여 1년만 구독해서 보면 경제 용어나 경제 이슈가 나올 때도 다른 사람보다 열린 마음으로 접하게 된다.

이처럼 오랜 시간과 비용을 투자하여 집중적으로 정보를 파고든다면 대화 능력을 키우는 데에 많은 도움이 될 것이다.

⠂대화 연습, "말하기 전 30초를 준비하세요."⠂

말을 입 밖으로 뱉기 전에 한 번 더 정리하라. 말은 한 번 입 밖으로 내뱉으면 돌이킬 수 없다. 민감한 사항이라면 머릿속으로 문장을 만든 후 차근차근 이야기하자.

"저는 생각하지 않고 말해요."

하루는 첫 만남에서 자기 스타일에 대해 이야기하며 이렇게 말하는 사람이 있었다. 배우의 길을 걷는 사람이었는데, 필자를 처음 만나면서 이런 이야기를 한다는 것에 놀랐다.

나에 대해, 그러니까 자신의 이야기 상대방에 대해 아무것도 모르는 상태에서 말이다. 생각하지 않고 말하는 것이 자기 스타일이라며 무조건 내뱉는 사람이라면, 그런 사람과 어떤 일을 할 수 있을까? 내심 걱정되던 일이었다.

저는 생각하지 않고 말해요. = 저는 솔직한 감정 그대로 말해요.

자기 스스로 '생각하지 않고 말하는 스타일'이라고 한 사람은 자기 앞에 있는 상대방이 그 이야기를 어떤 의미로 받아들일지 모르는 게 분명했다. 최소한 신경 쓰지 않는다는 마음인 건 알겠다. 하지만 자신이 말하기 전에 '생각하지 않는다'는 건 상대방의 기분을 고려하지 않는다는 것일 수도 있고, '나중에 어떻게 될지 고민하지 않고 하는 얘기'일 수도 있었다.

그런데 첫 만남, 첫 대화, 각자에 대한 소개에서 '생각 없이 말한다'는 건 여러 의미를 유추해볼 수 있다. 어느 것 하나라도 '예의가 없다'는 말과 같은 뜻이었다. 그 사람이 대통령을 만났을 때도 "나는 생각 없이 말해요."라고 할 수 있을까 생각해봤지만 그건 아닐 게 분명했다.

'어? 나를 무시하네?'

그럼, 다시 생각해보니 그 이야기를 들은 '나' 자신은 결국 그 사람에게 배려를 받는 입장이 아니었다는 말과 같았다.

다른 경우로 '뒷감당이나 고민 없이 말해요'라는 의미로 생각해보자. 만약 이 사람과 어느 영화를 촬영하게 될 경우, 촬영에 임하는 다른 배우들의 입장도 문제였다. 서로 배려하고 입장을 존중해주면서 촬영해도 어려운 것이 영화 작업이다. 그런데 '생각 없이 나오는 대로 말해 버린다'고 하면 그 촬영장은 보나마나 난장판이 될 게 뻔했다.

상대방의 이야기에 감정이 상한 배우가 생길 경우, 연기에 집중할 수 없을 게 분명했다. 결국, '생각 없이 말한다'는 사람에겐 "같이 영화 합시다." 라는 이야기를 할 수 없었다. 그 사람은 얼마 뒤, 이상한 내용의 영화에 출연하고 그 뒤론 모습을 볼 수 없었다.

그래서 생각 없이 말하면 안 된다. 감정을 숨기지 않고 솔직하게 드러낸다는 건, 상대방에게 '난 무서운 사람이야'라는 소리와 같다. 나는 생각 없이 기분 내키는 대로 말하는 사람이니까, 그러니까 당신은 내 앞에서 '함부로 얘기하지 마'라고 하는 것, 네가 나한테 이야기하는 순간 내가 너한테 듣기 안 좋은 이야기를 해줄 수도 있다는 말이 된다. 이 사람과 친하고 싶어서 다가오던 사람도 '생각 없이 말한다'는 말 한마디에 뒷걸음을 치며 돌아갈 게 뻔했다.

'생각 없이 말한다'는 것은 '솔직'한 게 아니다. 내가 솔직하다는 자신감도 아니고 남을 배려하지 않는다는, 내 혀가 칼이 되어 상대방의 심장을

찌를 수 있다는 말과 같다. 절대 해서는 안 될 말이고, 해서는 안 될 행동
일 뿐이었다.

생각 없이 말하다. = 30초의 대화 준비시간도 없다.

'생각 없이 말한다'는 건 대화하면서 최소한의 준비시간도 갖지 않는다
는 것과 같은 말이다.

A와 B가 대화를 한다고 가정하자. A가 B에게 "너 나 사랑해?"라고 물
었다고 할 경우, 말이 끝나는 동시에 생각나는 대로 "아니, 나 너 싫어."라
고 대답하는 것과 잠시 생각할 시간을 가진 뒤에 "너 마음은 고마운데,
난 아직 준비가 안 된 거 같아."라고 말해주는 것과의 차이다.

그래서 30초의 대화 준비시간이 없다는 것은 앞으로 상대방과 30년의
인연을 끝내겠다는 말과도 같다. 한없이 짧아만 보이는 '30초'라는 시간
은 온라인에서 무료듣기 1분의 절반밖에 안 되는 짧은 시간이다. 온라인
에서도 1분은 무료로 들려주는 것처럼 30초는 그보다 더 짧고, 전체 노
래의 10분의 1에 해당되는 시간이다.

온라인에서 무료 음악듣기의 반밖에 안 되는 턱없이 짧은 시간, 상대방
과의 대화에서 이렇게 짧은 시간도 여유를 두지 않고 즉각 말을 내뱉는
다는 건 무모한 행동이 된다.

사람의 첫 인상을 파악하는 데, 30초면 충분한 거 아니에요?

첫 인상과 첫 대화는 다른 얘기다. 첫 인상은 그 사람의 성격을 짐작하

게 할 뿐이고, 첫 대화는 그 사람의 성격을 드러내어 알게 해준다. 첫 인상이 예비조사라면 첫 대화는 실체 조사다.

그래서 첫 대화가 중요하다. 특히 한국어의 경우엔 동사가 문장의 뒤에 위치하므로 대화 전체를 다 들어야 한다. 첫 대화만 갖고는 전체 내용을 알 수 없으며, 더욱 심각한 사실은 전체 대화를 다 들어도 내용 파악이 어려울 수 있다는 사실이다.

대화를 나누는 훈련, 소통하기 훈련이 안 되어 있으면 전체 대화를 다 들어도 내용 파악이 어려울 수 있다.

그 사람의 10%, 그 사람과 나누는 대화의 10%만 듣고서도 모든 걸 알 수 있다는 말처럼 무서운 말은 없다. 이렇게 잔인한 말도 없다. 사람을 만날 때 손만 보고 그 사람을 안다는 것과 무엇이 다를까? 30초는 누군가와 대화를 시작하면서 상대를 가장 배려해야 할 소중한 시간이기 때문이다.

생각해보자. 고양이와 강아지는 툭하면 서로 싸운다. 대표적인 이유가 기분 좋을 때의 동작이 서로 다르기 때문이다. 고양이는 기분이 좋으면 꼬리를 내리고 몸을 눕히며 갸르릉갸르릉 소리를 낸다. 그러나 강아지는 기분이 좋으면 꼬리를 들고 깡충깡충 뛰며 달려온다.

고양이 입장에서 꼬리를 든다는 건 화가 났을 때 싸우자는 표시에 지나지 않는다. 고양이와 강아지는 잠시 후 어떻게 되겠는가? 3초도 걸리지 않는 시간에 싸움이 일어나기도 한다. 개와 고양이의 30초, 남자와 여자의 30초, 상대방과의 첫 대화를 시작하는 30초의 시간은 그래서 중요하다. 30초의 준비된 대화가 30년의 인연을 만든다.

'생각 없이 말하는 것'은 이제부터 금지다. 말이 없는 시대, 손가락으로 말하는 시대인 요즘, SNS에서 짧은 문자 대화가 인연을 가르기도 한다. 만나고 헤어지는 게 쉬운 세상에서 '사람 관계'란 단지 기계 부품이 되어 버린 탓이다. 당신이 생각 없이 바로 꺼내 버린 말 한마디가 천생연분의 인연을 가로막을 수도 있다.

2.
말할 것과 말하지 않을 것
구분하기

오프라 윈프리의 대화에는 이야기의 주제가 있다.

두 명이 만나는 작은 대화에서 몇 십 명 또는 몇 백 명이 모이는 큰 대화에 이르기까지, 모든 대화에는 주제가 있다. 어떤 내용에 대해 이야기를 나눌 것이며 어떤 사람들이 이야기에 참여할 것을 미리 알 수 있다. 대화할 때는 전체 주제를 염두에 두고, 내가 할 말과 안 할 말을 가려가며 대화에 참여할 수 있는 요령이 중요하다.

그녀처럼 이야기를 나누는 상대방의 편이 될 마음가짐이 중요하다. 그 사람의 이야기를 들어주고, 공감해주고, 문제의 해결책을 같이 찾아주기 때문이다. 사람들이 오프라 윈프리에게 기꺼이 와서 이야기를 나누려는 이유다. 자기의 고민과 고통을 자기만의 것으로 하지 않아도 된다. 왜? 그녀가 함께 아파해주고, 기뻐해주며, 고민을 들어주고, 해결책을 찾아줄 것이라 기대하기 때문이다. 대화에서 이야기하는 상대방의 편에 서는 가장 좋은 방법이다.

때로는 해결책을 찾지 못하여도 큰 문제가 되는 건 아니다. 최소한 그 사람 곁에서 같이 고민해주고, 같이 그 고통에서 벗어나려고 노력해준 사람이었다는 것만으로도 큰 위안과 위로가 되기 때문이다.

대화의 기술 중 상대방의 마음을 흔드는 기술은 '나는 당신 편'이라는 믿음을 갖게 하는 방법이다. 사람들은 누군가와 이야기할 때면 '해도 되는 이야기'와 '해서는 안 되는 이야기'로 구분한다. 어떤 사람에겐 어떤 이야기만, 다른 사람에겐 다른 이야기만 한다. 그 구분의 기준은 당신이 어떤 사람에게 이야기한다고 할 경우, 당신이 상대방을 어떻게 보는지 그 차이다.

왜냐하면 당신 역시 '비밀'이 많은 사람이기에 할 이야기가 있고 못할 이야기가 있다고 여기기 때문이다. 처음 만난 사이에서는 당신의 속마음을 이야기할 수도 없고, 어떤 사람을 자세히 안다고 확신하기 전까지는 당신이 할 이야기는 극히 제한적이 된다.

세상에 단둘만 남은 것처럼 대화하라. 상대방이 간절한 존재가 되면 대화에 진심이 담긴다.

여러 사람들 앞에서 나누는 대화는 무언가를 꾸미고, 소개하고, 한 사람이라도 더 많이 전달하려는 이야기가 대부분이다.

그런데 두 사람이 나누는 대화는 지극히 내밀한 각자의 비밀 이야기를 나누게 되고, 서로에게 의지하고 해결책을 찾거나, 고민을 상담하는 이야기인 경우가 대부분이다.

대화의 깊이가 비교될 수조차 없다. 대화를 나눌 때는 상대에게 간절한 존재가 되어야 하는 이유다. 그 사람의 이야기를 들어주는 유일한 사람이어야 한다. 그러면 상대는 더욱 진실한 이야기를 꺼내고 솔직한 모습으로 다가온다. 마음을 여는 대화가 된다.

상대방의 마음을 흔드는 대화의 기술은 그래서 '상대방에게 나는 당신 편'이라는 확신을 주는 게 제일 중요하다. 그 방법으로는 상대방이 필요로 하는 걸 내가 알려주거나, 상대방이 처한 상황에서 그의 곁을 떠나지 않고 같이 있어주는 것 등이다. 그리고 상대방의 마음을 흔드는 가장 확실한 이야기 방법은 그 사람의 질문을 알아듣는 것이다.

생각해보자. 사람들은 궁금하지 않으면 물어보지 않는다. 어떤 사람이 궁금한 게 있다는 건 그걸 알고 싶어 한다는 의미이고, 알고 싶어 한다는 건 '욕심'이 있다는 말과 같다. 여자가 남자에 대해 궁금하다면 그 남자가 여자의 마음에 들어갔다는 의미다. 남자가 여자에 대해 궁금하다면 그 여자 역시 남자의 마음에 들어왔다는 의미다.

이럴 때 상대방의 마음을 흔들려면 상대방의 욕심, 즉 알고 싶어 하는 마음을 천천히 조금씩 알려주는 방법을 사용한다. 호기심이 충족되면 열정이 식는 게 사람의 심리다. 호기심을 조금씩 채워주면서 그 사람이 알고 싶어 하는 대상에 대한 열정을 더욱 크게 만들어야 한다. 그래야만 상대방의 마음이 흔들린다.

처음엔 가벼운 호기심이었지만 시간이 흐를수록 호기심이 채워지면서 감탄하게 되고, 무엇이든지 다 해결해줄 것만 같은 믿음으로 바뀐다. 생각해보자. 대화에 끼었다고 하는 건 같이 이야기할 자격과 식견을 갖췄다는 이야기와 같다. 대화의 상대가 안 된다는 것은 대화에 낄 자격을 얻지 못했다는 의미다.

"나 고민 있어. 우리 만날래?"

"진짜 어떻게 해야 할지 모르겠어. 이야기 들어줘."

대화 상대가 되었다는 것은 지식과 식견을 갖춘 사람이라는 의미, 다른 사람들도 이야기를 듣고 싶어 하는 사람으로 인정받았다는 뜻이 된다.

3.
쉬운 내용으로
말하기

오프라 윈프리는 어려운 단어로 대화하지 않는다.

그녀는 이런 식으로 말한다.

"예쁜 구두가 보인다고 해서 여러분이 그걸 신으라는 법은 없어요. 그러니까, 이런 구두라고요_{자기 구두를 손짓하며}. 10분만이라도 이 구두를 신은 상태로 일어섰다가 앉아보세요."

위 이야기의 소재는 예쁘지만 신고 있기에 불편한 구두다. 다르게 표현해보면 이렇다.

"구두는 예쁜데 신으니까 발을 너무 압박해서 불편해."

"이 구두를 신으면 10분도 제대로 서 있지 못할 거야."

"오늘 내 스타일리스트가 가져온 구두를 반드시 신으라는 법은 없지만 나는 신었어. 하지만 이 구두는 너무 불편해. 이 상태로는 10분도 제대로 서 있지 못할 거야. 스타일리스트에게 10분만이라도 신고 섰다가 앉아보라고 할까?"

사람들은 자기 생각을 표현할 방법만 제대로 안다면 대화가 어렵다고 느끼지 않는다. 입으로 이야기하든, 문자로 메시지를 주고받든 간에 자기 생각만 제대로 표현하고 상대에게 전달될 수 있다면 딱히 대화가 어려울 이유가 없다. 그래, 사람들에게 대화라는 게 얼마나 재밌는지 방법을 알려줄 수 있는 길이 열렸다. 생각을 표현하는 방법이다.

바로 그게 대화가 쉬워지는 노하우다. 사람들이 자기 생각을 표현하고 그걸 상대방에게 잘 전달하는 방법만 안다면, 사람 사이에 대화가 풍성해지는 관계가 될 것이다. 사람들이 대화가 어렵다고 느끼는 가장 큰 문제는 생각을 표현하는 노하우가 없어서다.

대화는 이야기의 주제도 중요하지만 주제를 어떻게 쉬운 내용으로 풀어서 전달할 것인지도 무척 중요하다. 그래서 그녀는 어린이와 마음을 소통할 수도 있고, 대통령과도 친구가 된다.

오프라 윈프리는 대화 상대방이 어떤 직업인지, 평소에 어떤 단어를 자주 사용하고, 어떤 주제를 갖고 이야기하는지는 중요하지 않다. 그녀는 상대를 만나면 누구나 다 아는 단어로 이야기한다. 쉬운 이야기라는 의미는 아니다. 어려운 이야기도 쉬운 단어로 누구나 이해하기 쉽게 대화를 나눈다.

"근데 그게 무슨 뜻이야?"

대화를 나누는 사람들 중에서 자신의 지식을 자랑하는 사람들을 보게 된다. 도무지 알아들을 수가 없어서 되묻게 된다. 어려운 전문 용어를 써가며 굉장히 난해하고 어렵게 이야기할수록, 자신의 교양이 높게 평가된다고 생각한다. 아, 진짜 골치 아프다. 속으로 별의별 생각이 든다. 상대방이 이해하기 어려울수록 좋은 대화가 아니다.

많이 알수록 쉽게 이해할 수 있는 단어를 선택해 설명할 수 있어야 한다. 어려운 용어를 쓴다는 건, 그걸 말하는 사람 자신도 아직 이해하지 못하고 있다는 증거다. 어려운 단어로 대화하는 사람들은 심리적으로 '상대보다 내가 더 우월하다' 또는 '나는 똑똑한 지식인이다'라는 심리가 깔려 있다.

"뭐라고 말하는 거야?"

그러므로 대화에서 어려운 용어를 남발하는 사람을 경계하자. 좋은 대화란 대화에 참석한 모든 사람들에게 이해하기 쉬운 대화다. 어려운 용어를 쓰는 사람들은 자기 이야기를 하면서 각자에게 부여된 대화시간을 다 쓰고도 모자란다. 어려운 용어를 설명하느라 놓친 시간 때문에, 추가 시간을 요구하거나 남의 대화시간까지 빼앗아가는 사람들이다. 대화가 제대로 될 리가 없다. 어려운 단어를 사용하면 대화가 본질에서 벗어날 수 있어서다.

: 화젯거리, "요즘 이게 히트라면서요?" :

대화의 첫 시작은 그때그때 분위기에 맞추어 시작하는 것이 좋다. 날씨, 뉴스거리, 여행지, 스포츠, 최근에 본 책이나 영화 등을 화제로 삼는 것이 훨씬 부담이 없고 좋다. 상대방의 이야기에서 힌트를 얻어도 좋다. 적당한 타이밍에 답을 해주면서 고개를 끄덕여주고, 내 의견을 얘기해주면 된다. 말랑말랑하고 부드럽게 다가가 주는 것이다.

갑자기 엉뚱하게 다른 화제로 돌리거나 심각한 쪽으로 빠지는 건 최악이다. 만약 미리 예정된 만남이었다면 사전에 적당한 이야기를 준비해 가는 것도 나쁘지 않다. 너무 의도적이라고 생각할지도 모르겠으나, 상대방에 대해 최소한의 정보는 파악하고, 아는 척을 해주는 것은 서로에 대한 예의다.

첫 대화에 있어서는 동성 끼리보다 이성 간에 어색한 순간이 조금 더 빈번하게 찾아온다. 그중 가장 어색한 순간은 몇 초간의 침묵이다. 하지만 그 침묵이 어색해서 황급하게 화제를 찾는다는 느낌을 드러내는 것은 분위기를 더욱 어색하게 만든다. 살짝 미소를 지으면서 새로운 화제를 여유롭게 건네는 편이 좋다.

유머 감각을 보여줄 수 있다면 더욱 좋다. 타고나기를 유머 감각이 제로라고 생각되는 분들은 코미디 프로그램을 자주 보거나, 대인관계에서 써먹을 수 있는 간단한 유머를 외워두는 것도 한 가지 방법이다. 특히나 모임에서 정치나 종교 얘기를 꺼내는 것은 스스로 무덤을 파는 일이다꼭 싸움으로 끝난다.

부드러운 사람들의 공통점은 상대방의 입장에서 말할 줄 안다는 것이다. 서로가 함께 관심이 있는 화제나 도움이 될 만한 이야기를 주로 꺼낸다. 그냥 지나가는 말이 아니라 함께 공유하면 좋을 이야기들로 대화를 채울 줄 안다. 여기에서 부드러움을 더 큰 호감으로 이끌어주는 것은 지성미다.

지성미는 단순히 공부를 잘한다거나 머리가 좋다는 것과 별개의 문제다. '지혜로운 아름다움' 쪽에 가깝다. 행동이나 차림에 센스가 있다거나 어떤 문제를 해결하는 모습이, 굉장히 침착하고 현명하다는 인상을 주는 사람에게서는 지성미가 풍긴다.

여러 가지 분야 중 특별히 관심이 가는 것이 있다면 조금 깊이 파고들자. 어느 한 분야에 애착을 갖고 지식을 쌓은 사람은 그 분야의 화제가 나왔을 때, 누구보다 빛나 보일 수 있으니까.

그래서 상대의 마음을 열 수 있는 이야기 소재를 미리 준비해야 한다. 누구나 상대방이 나를 알아주길 바란다. 스스로를 표현하고 싶은 마음은 그 정도와 방법의 차이만 있을 뿐 같다. 그리고 그런 화젯거리를 이야기하면서, 인간은 누구나 대화의 주도권을 내게 가져오고 싶은 욕망이 순간 발동된다. 상대방의 건강을 걱정해주고, 취향에 관심을 갖는 작은 화젯거리가 결국 큰마음을 열 수 있는 열쇠가 된다.

말을 잘하는 비결 중 가장 중요한 것은 무엇보다 상대방의 말을 잘 들어주는 것이 최고다. 그다음으로는 공통의 화제를 꺼내는 것이다. 상대방이 관심을 가질만한 주제를 꺼내 열심히 들어주면서 중간중간 "맞아!"라고 추임새를 넣어주어 신이 나게 만들 것, 눈에 표정을 넣어 따뜻하게 응시할 것, 남이 말할 때 가로막거나 장황하게 말하지 말 것 등을 우선순위로 두고 싶다.

우선, 모두가 공감하고 쉽게 참여할 수 있는 화젯거리를 주제로 삼는 것이 좋다. 예를 들어 모여 있는 사람들 대부분이 골프를 즐긴다고 하더라도 그중에 한두 명이 골프를 즐기지 않을 수 있다. 이때 골프에 대한 애기를 주제로 삼아 길게 얘기하는 것은 되도록 피하는 것이 좋다. 분명 골프에 대해 관심이 없는 사람은 내내 지루함과 소외감을 느낄 것이다. 아마도 모임에 온 것을 후회하며 시계만 쳐다보고 있으리라.

함께 모여 있는 사람 중에 한 사람이라도 대화에서 소외되지 않도록 배려할 수 있다면 금상첨화다. 대화에 참여하는 횟수가 적은 사람에게 의도적으로 말을 걸어주는 것도 좋은 방법이다.

'오늘 영화, 무얼 볼까?'

'저녁식사는 어떤 메뉴로 정해서 먹을까?'

'주말에는 어디서 데이트를 할까?'

'저녁때 술 한 잔 해야 되는데, 어디로 예약할까?'

이런 생각들이 바로 공감대를 형성하기 위한 전초전이다. 처음 만나는 사람이라면 상대의 호감을 얻기 위해 일부러도 공통점을 찾고자 더듬이를 세운다. 혹 공통점이 없었던 사이일지라도 함께 영화를 보거나 이야기를 나누고 그러한 시간들이 쌓이다보면 공통의 화제들이 생겨난다.

이러한 과정은 우리가 의식만 하지 못하고 있을 뿐, 결국 '상대가 원하는 니즈가 무엇인가?'를 내내 고민하면서 살아가는 인생이라고 해도 과언이 아니다. 대화 능력을 키우고자 하는 사람들도 상대와 공통된 감정과 정보를 공유하기 위한 수단으로 대화만큼 좋은 수단이 없다고 판단하기 때문이다.

4.
오해받을 이야기는
꺼내지 않기

오프라 윈프리는 대화하면서 사용할 단어를 신중하게 선택한다.

어떤 단어를 사용하느냐에 따라서 대화에 참석한 사람들에게 전달되는 내용에 오해의 소지가 생길 수도 있고, 그렇지 않을 수도 있기 때문이다. 누군가에게 상처가 될 수 있는 말을 최대한 하지 않기 위함이다. 어떤 단어를 사용하느냐에 따라 대화의 품질이 달라진다.

가령, '사과'라는 단어를 떠올려보자. 당신이 사람들과 이야기하며 "사과는 빨갛다."라고 이야기한다면 그 이야기를 듣는 사람들, 최소 한 명 이상의 사람들은 각자가 느끼는 '빨간 사과'에 대한 기준이 저마다 다르다. 전체가 빨간 사과도 있고, 사과는 초록색이라고 생각하는 사람도 있거나, 부분적으로 빨간 사과를 생각하는 사람도 있다. '사과'라는 단어 하나만으로도 상대방이 받아들이는 감성이 다르다.

대화할 때는 내 이야기를 듣는 상대방이 가장 잘 이해할 수 있는 단어를 사용하는 게 제일 중요하다.

그래서 대화라는 건 내 이야기만을 전하는 웅변대회가 아니다. 대화에는 반드시 말하고 듣기 과정이 필요하다. 내 말만 이야기한다면 대화에 참석할 사람은 없다. 그걸 가리켜 연설이라고 부른다. 그러므로 '대화'를 하고자 한다면 이야기를 듣는 상대방이 헷갈리지 않고 단박에 알아들을 수 있는 단어 선택에 신중해야 한다. 추후에라도 이야기에 오해될 소지가 없도록 신중히 준비해야 한다.

상처를 파는 가게의 주인처럼, 자주 말로써 상처를 주는 사람들이 있다. 만약 말로써 상처를 받는 상황이 오면, 그냥 참는 게 해결책은 아니다. 눈앞에 당장 말문이 막히는 상황이 생기면 '내가 좀 참고 말지'라고 생각하는 사람들이 있다. 절대 그래선 안 된다.

지금은 내가 손해보는 게 자존심도 지키고 어려움도 피할 수 있는 방법이라고 착각할 수 있다. 만나기 싫은 사람이니 차라리 내가 손해보고 안 만나면 되고, 골치 아프기 싫으니 그저 내가 안 하고 골치 안 아프면 된다고 생각하면 안 된다. 지금 당장은 내가 편하다고 느낄 순 있어도 나중에 생각하면 어리석은 짓이었다는 사실을 깨닫게 된다.

가령, 상대에게 상처를 잘 주는 사람이 있다. 이 사람에게 내가 상처를 받고도 아무 말을 하지 않고 그냥 참고 넘어가면, 나만 안 보면 이 나쁜 사람이 나를 어떻게 볼까?

상처를 주는 사람은 자기가 남에게 상처를 주는지도 모르는 경우가 많다. 오히려 당신이 아무 말을 하지 않으면 스스로 자기 말이 맞다고 의기양양해진다. 착하고 약한 사람을 상처주면서 그걸 즐겁다고 떠벌리기도 한다. 먼저 참고 견디고 또 상처받고, 내가 그냥 상처받고 마는 게 더 편하다는 생각은 항상 옳은 게 아니다.

상처를 치유하는 데 최선책도 아니다. 상처를 받았다면, 어떤 사람이 자기를 괴롭힌다고 생각되면 나를 도와줄 사람을 찾아서 대화를 나서야 한다. 대화하면서 어려움이 해결된다. 이 문제는 당신만의 것도 아니다.

대화를 준비하면서 상대를 배려하고 이해하기 위해 미리 준비해둬야 할 준비물이기도 하다. 상처받지 않을 준비다. 상처받더라도 그 현장에서 치유해야 할 것이기도 하다. 이야기를 풍성하게, 서로에게 상처를 주고받지 않기 위한 대화 준비가 필요하다.

⠆ 3초 룰, "대화의 지루함을 날려 버려요." ⠆

대화를 나눌 때는 듣는 사람이 지루함을 갖지 않도록 준비하는 게 중요하다. 가령, TV를 유심히 보면 3초 룰이 적용되는 화면이 대부분이라는 사실을 깨닫게 된다. 시청자가 지루함을 느끼는 3초라는 시간은 TV를 보던 사람들이 채널을 돌리려고 리모컨을 들게 되는 시간인 동시에, 시청자의 시선을 잡아둘 '재미'를 기대하게 되는 시간이기도 하다. 그래서 예능 프로그램들은 드라마나 뉴스, 시사교양 프로그램보다도 더욱 집착하며 3초 룰을 따라가려고 애쓴다.

똑딱, 1초.

똑딱, 2초.

똑딱, 3초.

화면이 바뀐다. 최소한 카메라 앵글이 바뀐다. 카메라 안으로 다른 출연자가 들어오기도 한다. 3초 안에 TV 화면에서 반드시 어떤 변화가 일어나야 하기 때문이다. 그래서 TV를 보는 사람들은 3초마다 바뀌는 화면을 마주하면서 지루함을 모른다. 새로운 화면, 새로운 출연자를 보며 시청하게 된다. 기억하자. 첫 대화 30초가 중요하고, 3초의 시간만이라도 상대방을 배려하는 시간이 중요하다는 사실이다.

이와 같은 3초 룰과 30초라는 '대화 준비시간'은 오프라 윈프리의 TV 속 모습을 봐도 잘 알 수 있다. 먼저, 3초 대기시간이 걸린다는 걸 보게 되는 부분이다. 오프라 윈프리 쇼를 보자. 몇 회 차라도 좋다.

TV 속에서 보이는 그녀는 출연자들에게 말을 꺼내기 전에 지그시 응시만 하는 시간을 갖는다. 이따금은 입술을 입 안쪽으로 살짝 당겨 무는 습관이 있다. 굉장히 짧은 순간에 지나가는 동작이다.

쇼에 출연한 사람들의 이야기를 들으며 그다음 대화로 이어나갈 내용이 있을 때도 나타나는 모습이다. 상대방의 이야기가 끝나는 것과 동시에 적당한 여유를 두고 바로 대화를 이어나갈 준비를 하는 모습으로 비춰진다.

또한 오프라 윈프리는 항상 미소를 머금고 남의 이야기를 듣고, 말을 꺼낼 때도 미소를 지으며 시작한다. 대화하는 중간에는 정색한 모습을 본 적이 없는, 보여준 적이 없다.

무엇보다 TV에서 보이는 그녀는 어느 프로그램이건 간에 특히 보이는 모습에서 사람들과 대화하면서, 여러 사람과 이야기할 때는 시선을 그 사람에게 정확하게 던지고, 손동작을 사용하는 걸 보게 된다.

사람들의 대화를 보자. 어떤 사람이 '생각하며 말한다'는 걸 알려면, 그 사람이 말할 때의 동작으로도 알 수 있다. 동작이 크다는 건 그 사람이 의도하지 않는 이상 무의식에서 나오는 모습이기 때문이다. 그 사람의 생각이나 가치관 등이 돋보이는 장치이기도 하다.

어떤 사람이 누군가와 대화를 나누면서 무의식적으로 손을 움직이고, 몸을 움직이며 이야기를 나눈다는 것은 '이야기에 집중하고 있다'는 표현이며, 상대방에 대해 호기심이 크다는 표시다. 자기의 의사 표시를 상대방에게 제대로 전달해서 대화를 더 오래하고 싶다는 마음을 표현하는 것이기도 하다.

5.
사랑스런
표정으로 말하기

오프라 윈프리는 눈을 정면으로 오래도록 응시하지 않는 대신, 상대 얼굴의 코를 보고 눈을 보고 하는 식으로 시선을 자주 옮겨준다.

이야기를 나누는 상대가 내 얼굴에 한 곳만 너무 쳐다본다면 어떤가?

'내 얼굴에 뭐가 묻었나?' 등등 여러 생각이 복잡해진다. 또는 내 얼굴을 안 보고 시선도 마주치지 않는다고 해도 문제다. '나랑 이야기하기 싫은가?' 이런 걱정에 이야기가 제대로 나오지 않는다.

대화를 나눈다는 것은 경험을 나누는 소중한 시간이다. 단순한 농담이나 우스개 역시 대화를 나눈다는 표현을 쓰기도 한다. 하지만 그건 단지 한쪽에서 말하고 다른 쪽에서는 웃거나 재미없는 표정을 짓거나 할 뿐이지 진정한 대화가 아니다. 대화를 나눈다는 것은 각자의 경험을 상대방에게 전해주고, 서로의 의견을 들으며 소통한다는 교환의 의미가 있어야 한다.

여자는 대화할 때, 자신의 이야기를 듣고 있다는 감정 표현을 필요로 한다. 주로 상대방의 눈을 바라보고, 고개를 끄덕이며 호응해주고, 때로는 박수를 치거나 감탄사를 연발한다. 여자의 대화는 단순한 정보 교환이 전부가 아니기에 감정의 소통이 수반되어야 한다.

남자는 약간 다르다. 길게 하는 대화보다는 대화의 결과, 이야기의 결론이 중요한 경우가 많다. 본론만 듣고자 할 때도 생긴다. 남자들의 대화는 단순 보고 체계처럼 '지금 어떤 상황이다'라는 결론이 중요하다. 그래서 남자들의 대화 모습을 유심히 보게 되면 여자들의 모습과 많이 다른 걸 알게 된다. 남자들은 대화하면서도 주위 다른 사람들을 구경하기도 하고, 전화를 하기도 하며, 스마트폰을 들여다보거나 수첩을 뒤적거리기도 한다.

그러나 남자이든 여자이든 바람직한 대화 자세는 누군가와 대화할 때는 반드시 코를 바라보고, 이따금 눈을 마주쳐야 한다. 코를 바라볼 때는 뚫어져라 보는 건 아니지만 상대방 이야기에 대한 '청취'의 표시를 해주는 차원이다. 가볍게 고개를 끄덕이며 상대방 얼굴에서 코를 바라봐주면 말하는 상대는 자기 앞에 앉은 사람이 '이야기를 듣고 있구나'를 느끼게 된다. 그러면서 이따금 눈을 마주쳐서 상대방의 마음을 들여다보는 느낌을 갖는다.

여자들은 '수다'를 통해서 남자들은 '술'을 통해서 스트레스를 푼다고 한다. 스트레스를 푸는 수단이 '수다'와 '술'이지만, 결국 자신의 답답한 속내를 들어줄 대상이 있어야 가능한 얘기다. 어쨌든 남자나 여자나 대화할 대상이 필요하다는 것이다.

: 표정의 힘, "얼굴을 보고 이야기해요." :

수술을 막 끝낸 의사가 "수술은 잘 끝냈습니다만 결과는 두고 봐야 할 것 같습니다."라며 가족들에게 수술 결과를 보고했다. 이때 중요한 사실은 '성공적인 수술 결과'와 '수술 후 환자의 회복상태'다. 그러나 가족들은 의사가 위 문장을 어떠한 표정과 말투로 했는지에 따라 지옥과 천당을 오간다.

만약 의사가 밝은 표정과 함께 자신 있게 수술 결과를 전하면, 가족들은 상태를 더 두고 봐야 할 것 같다는 악조건을 안고 있더라도 편안한 마음으로 환자를 돌볼 수 있게 된다. 그러나 만약 축 늘어진 음성으로 수술 결과를 전하면, 가족들의 심장 박동 수는 빨라지게 된다. 이처럼 같은 정보라도 화자가 어떤 자세로 전달했느냐에 따라 듣는 사람은 천당과 지옥을 오가게 된다.

말의 55%가 표정이고, 38%가 목소리, 불과 7%가 내용이라고 한다. 무려 93%가 내용과는 별개인 그 사람의 이미지에서 결정이 난다는 것이다. 그중 관심이 가는 것이 목소리와 내용보다 표정이다.

대화를 나누면서 제대로 내용이 전달되는 데에 표정의 힘이 그만큼 중요하다는 의미다. 이야기하면서 표정이 없거나 내용과 상반된 표정을 짓는 경우라면?

그러면 대화가 이뤄지지 않는다. 감정 표현을 자제해 무표정하게 말하면 진정한 메시지를 전하기 어렵다. 특히 사랑스럽고 따뜻한 표정은 드러낼수록 설득력이 높아진다는 사실을 기억해야 한다.

표정은 이야기를 시작하기 전에, 대화를 준비하는 단계에서도 중요하다. 물론 표정은 대화의 시작을 가리키기도 하지만, 표정 그 자체가 대화의 일부분이기도 하다. 이야기 도중에 나타나는 표정 짓기가 해당된다. 대화하면서 표정을 어떻게 지을 것인가, 무표정할 것인가, 기쁜 표정을 지을 것인가, 궁금한 표정인가, 다 안다는 표정인가 등등. 표정이 대화의 일부가 된다는 것은 이미 주지한 사실이다.

"내 이야기 듣는 표정이 왜 그래?"

대화하는 상대방은 이야기를 듣는 사람의 표정을 살핀다. 자신의 이야기가 제대로 잘 전달되고 있는지, 혹시 잘 모르는 이야기, 실수한 이야기, 전달이 잘 안 되는 이야기가 없는지 걱정해서다. 그런데 상대가 이야기를 듣는 둥 마는 둥 도무지 표정이 이상하다 싶으면 물어본다. 표정이 왜 그런지. 사랑스럽고 따뜻한 표정이야말로 대화하는 데 있어서 중요한 자세라고 말할 수 있는 이유다.

물론 상대방의 이야기 내용에 따라 표정을 달리 지어야 할 수도 있다. 걱정하는 이야기를 하는 사람 앞에서 마냥 사랑스럽고 따뜻한 표정을 짓는 건 안 된다. 같이 걱정해주고 격려해주는 표정이어야 한다. 기쁜 일을 이야기하는 사람 앞에서 걱정하는 표정을 지으면 안 된다. 기쁜 표정을 지어야 한다. 이처럼 표정은 이야기 주제에 따라 자유자재로 변한다.

대화란 말로 주고받는 커뮤니케이션 활동이다. 하지만 더 넓은 개념으로 이해하면 상대와 소통하는 모든 언어적 행위까지 포함한다. 즉 화자의 표정, 모션, 손짓, 눈동자 등도 대화에 함께 포함된다는 뜻이다. 말로는 "우리는 할 수 있다."라고 해놓고 표정은 두려움에 떨고 있다면 상대방은 전혀 화자의 말에 공감가지 않을 것이며, "부부끼리 믿음은 생명이야. 거짓말은 해서는 안 돼."라고 해놓고 상대의 눈을 똑바로 쳐다보지 못한다면 믿음은 고사하고 오히려 의심만 사게 될 것이다.

우리들의 표정은 얼굴에 그대로 드러난다. 당연한 말이지만 손이나 발에는 나타나지 않는다. 오직 얼굴만이 가능하다. 눈과 입과 안면근육의 미세한 움직임으로 표정이 만들어진다는 것을 생각해보니 새삼 신기하게까지 느껴진다.

하지만 사회가 복잡해질수록 미묘한 감정 표현이 요구되고, 또 그러다 보니 점차 사람들이 어떤 상황에서도 무난한 표정을 짓는 데 급급하다. 다시 말하면 우리는 자기 마음대로 감정을 표현하는 것이 아니라, 상황에 따라 적절히 표현할 것을 요구받는 시대에 살고 있는 것이다.

6.
있는 모습
그대로 바라보기

오프라 윈프리는 대화를 나누면서 자주 울기도 한다.

사람들과 함께 잘 웃고 농담도 잘하는 그녀이지만, 초대 손님의 슬픈 사연에는 가슴 벅찬 슬픔으로 함께 울기도 한다. 한번은 오프라 윈프리 쇼에 출연한 중년의 나이가 되도록 학대받고 살아온 여인이 예전에 성폭행을 당했었다고 고백했다. 그 말을 듣는 순간, 그녀가 눈물을 쏟기 시작했다. 이윽고 그 여인을 두 팔로 꼭 안아주며 "그 고통이 얼마나 아픈지 저도 잘 알아요."라고 말했다.

그런 그녀의 모습은 '있는 모습 그대로'다. 대화하면서 표정과 메시지를 고려하며 모든 걸 원칙에 따를 수는 없다. 그럴 경우엔 있는 모습 그대로 행동해도 좋다. 울어도 된다. 대화의 가장 큰 무기는 진솔함이다. 눈물만큼 진솔하게 다가서는 것은 극히 적다.

세상에서 가장 꼴불견 세 사람을 꼽으라면?

잘난 척하는 사람, 아는 척하는 사람, 있는 척하는 사람이다. 이름 하여 '척 트리오', '삼척동자'라고나 할까. '척'의 사전적 의미는 '그럴 듯하게 꾸미는 거짓 태도나 모양'이다. 한마디로 진심이 아니라 진실이 아니라, 혼자만의 허상이라는 얘기다.

정말 잘난 사람, 정말 유식한 사람, 정말 바쁜 사람은 '척'을 할 필요가 없다. 일부러 표시를 내지 않아도 사람들이 먼저 다가와 알아주기 때문이다. 이런 삼척동자 화법을 내 자신이 한 적은 없는지 꼭 돌아보기 바란다. '척'을 좋아하면 자기만족은 이룰 수 있을지 몰라도 서서히 사람에게서 멀어진다. 특히나 대한민국이라는 나라의 문화 안에서는 더욱 그렇다.

특히 상대방의 마음을 듣는 대화의 표정에서는 '척'을 조심하도록 하자. 사람들과 이야기를 하다보면 그 사람의 성격이 대화 중에 고스란히 드러나는 순간이 온다. 돈 많은 척하거나, 잘난 척하기도 하고, 아는 사람이 많은 척하는 경우도 있다. 그러면서 자기 자신은 '대단한 사람'이니 상대에게 자기를 '알아서 대우하라'는 식으로 이야기하는 사람들이다.

그런데 이들의 공통점 역시 '지금 그 사람의 모습은 아니다'란 점이다. 많이 알고, 인맥도 넓고, 멋진 사람이라고 말하는 사람이 현재 모습은 전혀 그렇지 않다는 걸 확인시켜주는 상황이다. 자기 자신은 진짜 자기 모습을 몰라서 그런 걸까? 아니면 그 사람은 꿈을 먹고 살아가는, 동화 속에 자기가 살고 있다는 착각 중인 상태여서일까?

대화를 나눈다는 것은 '내가 중심이 아니라 상대방이 중심'인 소통의 방법이다. 나를 앞세우는 사람은 상대방을 뒤로 밀쳐내는 것과 같다. 진정한 대화가 이뤄질 수 없는 상황이다. 상대방의 마음을 열고 내 이야기를 제대로 전달하고 싶은가?

그렇다면 나를 앞세우지 말고 상대방을 앞세우자. 상대방을 앞세우는 방법은 상대의 이야기를 경청하는 방법뿐이다.

그리고 이야기를 경청할 때는 상대에 비춰지는 내 표정에 주의하도록 한다. 따뜻한 표정은 상대로부터 "이야기를 잘 들어주실 것 같아요."에서 시작된다.

참고로 이야기를 듣는 표정을 연습하자면, 입 꼬리만 올라가도 한결 온화해 보인다. 대화할 때를 상상하며 내 표정을 거울에 비춰보자. 기쁜 표정, 사랑스러운 표정, 걱정하는 표정, 응원하는 표정, 화난 표정, 기대하는 표정 등을 연습해둔다.

자기가 자신의 얼굴이 어떻게 보이는지 알아야 다른 사람 앞에서도 적절한 표정을 지을 수 있다. 대화를 나누며 상황을 파악하고 적절한 표정 짓기를 할 수 있다.

표정은 상대방이 보는 내 얼굴에서 나타난다. 표정은 나를 위한 게 아니라 상대방을 위한 것이다. 그래서 상대방에게 전달되는 무언의 대화이기도 하다. 이야기를 들으며 상대에게 보이는 내 표정은 상대가 나한테 직접 물어보지 않아도 지금 내 기분이 어떤지 알게 해주기 때문이다. 상대는 내 표정 변화를 보며 자신의 이야기가 잘 전달되고 있는지를 판단한다.

따뜻한 표정은 상대를 편안하게 해준다. 그래서 표정 짓기는 이야기하는 사람이나 듣는 사람에게도 중요하다. 내 감정을 그대로 전달해서 이야기의 강약을 표시할 수도 있고, 이야기에 따라 표정을 지으면서 당신의 이야기를 잘 듣고 있는 상태를 전달할 수도 있어서다. 그리고 표정은 대화의 내용에 더욱 몰입하게 만들어준다. 같이 울고 웃고, 같이 화를 내주고, 같이 기뻐하는 일 그 모든 것이 표정이다.

: 눈물로 나누는 감정, "울어도 괜찮아요." :

이야기를 나누는데 그 내용이 슬픈가? 자신에 대한 누군가의 험담을 듣고 슬퍼하는가?

그럴 땐 같이 울어도 좋다. '운다'는 것은 스트레스 해소에도 좋고 마음의 안정과 정화를 가져온다. 같이 울어준다는 것은 지극히 가까운 관계를 만들어주고 감정의 공유를 형성해준다. 대화를 나누며 같이 울어준다는 것 하나만으로도 이야기를 들어주는 것 이상의 효과를 만든다.

오프라 윈프리는 출연자들과 이야기하면서 그녀 나름의 특기를 갖고 있다. 대화를 나누는 상대방이 그녀의 다음 이야기를 '기대'하게 만드는

데 탁월하고, 상대방이 그녀 앞에서 자신의 모든 이야기를 다 할 수 있는 편안함을 느끼게 하는 데 탁월하다.

물론 오프라 윈프리는 다른 여러 가지 특기들도 있지만, 여기서 이야기하는 건 TV를 통해 그녀가 맡은 방송 프로그램을 보면서 두드러지게 드러나는 부분이 그렇다는 뜻이다.

그녀는 출연자들이 자신의 속마음을 모두 터놓고 이야기하다가 자연스레 눈물을 흘리도록 하는 데도 전문가다.

그렇다고 해서 대화하는 사람들이 자기 속을 드러내고 상처를 내놓으며 의도적으로 우는 경우란 거의 없다. 마음을 흔드는 이야기라서 자연스럽게 눈물이 날 뿐이지, 쇼를 위해 의도적으로 울거나 하는 게 아니다. 오프라 윈프리 스타일의 마음을 흔드는 이야기는 진심을 드러내게 하는 편안함을 뜻한다.

대화를 나누며 자신의 속마음까지 드러내고 말해도 편안한 사람, 또는 그렇게 만들어주는 사람이다. 이런 사람은 대화를 나누는 상대방의 이야기를 들으며 그 사람의 고민, 슬픔을 함께 나눌 준비가 되어 있다. 그 전에 상대방이 긴장하고 있는 부분을 미리 알아서 없애주고 해소해주는 탁월한 능력이 필요하다. 여러 사람이 모여 이야기하지만, 마치 그녀와 단둘이 얘기하고 있다는 느낌을 주는 능력이기도 하다.

7.
관심 정보
챙기기

오프라 윈프리의 대화에는 마음을 나누는 이야기뿐만 아니라, 상대방과 감정의 공유가 있다.

지금 내 앞에 있는 그 사람, 내가 남들에게 이야기하지 않은 나만의 비밀스런 개인적인 이야기까지 털어놓은 그 사람이라면 마음의 소리가 전달된 게 분명하다. 단순히 이야기를 하고 듣는 것이 아니라, 서로 만남을 갖는 그 순간에 감정을 공감하는 것이다.

그녀는 자신과 특별한 대화를 나누는 사이가 된 그 사람과 서로 경험을 공유하면서 친밀한 관계를 더욱 돈독하게 만들어나간다. 서로가 겪어본 기억이 있는 경험도 좋고, 상대방에게 필요한 나만의 경험도 좋다. 상대방이 필요로 하는 경험을 기억해내서 대화 소재로 삼는 게 중요하다.

오프라 윈프리는 이렇게 공감한다.

"나는 엄마가 아닙니다만, 하지만 '엄마'가 세상에서 가장 소중한 존재라는 건 알아요."

물론 대화 능력을 키우고 싶다는 대부분의 사람들은 경험 찾기보다는 '말하기'를 먼저 떠올리는 것이 사실이다. 대화라는 게 어느 순간 말하기가 되어 버린 경우다. 대화라는 건 서로 상대방과 마주 보고 나누는 이야기라고 배워서다. '나누는 이야기'라는 부분에서 '대화'라는 게 결국엔 '말하기'가 된다.

하지만 생각해보자. 무엇을 말하겠는가? 사람들은 상대의 경험을 듣기 좋아한다. 사람들이 말하는 대화는 누군가의 경험을 듣는 자리일 수도 있다. 결국, 대화에서 경험이 빠질 수 없는 노릇이다.

이처럼 '대화'는 '말하기'가 전부인 건 아니다. '대화'에는 각자가 이야기할 만한 '경험'이 필수다. 그것도 이야기만 잘 듣는 게 아니고 마음을 들어야 한다. 상대의 마음을 잘 들어야 대화를 잘할 수 있는 이유다.

"말을 해야 듣는 건 아닌가요?"

말보다 경험이라니? 의아할 수도 있다. 상대방이 먼저 말을 해야 듣는 것이고, 들어야만 상대의 의미를 알게 되는 것이므로 대화라는 건 결국엔 말하기가 더 우선이라고 생각되는 경우다.

이렇게 생각해보자. 친구 사이인 두 사람이 있다. 오랜만에 만났다. 커피숍에 앉아 이런저런 이야기를 하려고 한다. 두 사람 중에 누구든 먼저 이야기를 해야 한다. 두 사람이 동시에 말할 수는 없다. 그러면 대화가 안된다. 편의상 한 친구를 a라고 하고 다른 친구를 b라고 하자. 두 사람이 대화를 한다. 어떤 일이 벌어질까?

a가 말한다. b는?

a가 말한 다음에 또 말한다?

그렇다면 b는 a가 말하는 동안 무엇을 하였는가? a가 말하는 동안 b는 밀린 숙제를 하고, 급한 리포트를 썼는가? 스마트폰을 들여다보며 자기 메시지 확인하고 답장 넣기에 바빴는가?

아니다. a가 말하는 동안 b가 한 일은 '듣기'였다.

그렇다면 듣기란 무엇인가? 상대가 그 이야기를 꺼낸 마음을 이해해주는 과정이다. 상대의 기분과 감정이 어떤지 이해해주고 배려해주기 위함이다. b가 할 일은 a의 이야기를 들으며 b 자신의 경험에 비추어 a의 심정을 헤아려주게 된다. 역시 이 부분에서도 '경험'이 중요하다는 걸 알 수 있다.

다시 처음으로 돌아와서, 우리는 두 친구 a와 b를 가리켜 오랜만에 만난 사이, 커피숍에 온 이유는 대화하기 위해서라고 해보자.

이 경우에 어떤가?

a와 b가 대화를 한다. a가 말하고 b는 듣는다. b가 말할 때는 다시 a는 듣는다. 우리가 말하는 '대화'가 이뤄진다. 말하기와 듣기가 동시에 이뤄지는 순간이다. 그래서 대화라는 건 서로의 경험을 주고받는, 각자의 경험을 말하고 듣는 걸 가리킨다.

"그건 알겠는데요, 듣기보다는 말하기가 더 중요한 거 아니에요? 말을 해야 들을 수 있는 거니까, 말을 안 하면 듣지도 못하잖아요?"

맞다. 말을 안 하면 듣지를 못한다. 하지만 우리는 그런 경우를 가리켜 뭐라고 부를까?

"너하고는 대화가 안 되는구나!"

"대화하려면 말을 해야지? 내가 들어줄게."

말을 하지 않으면 대화가 안 된다. 반대로 내가 줄기차게 말하는 데 상대가 잠자코 듣지도 않고 자기 일을 하거나 딴짓을 한다면 우리는 또 이렇게 말한다.

"너하고는 대화가 안 되는구나!"

"내 말을 듣는 시늉이라도 해야 하는 거 아냐? 내가 할 말이 있다니까!"

말하기, 듣기 어느 것 하나라도 소홀히 하면 안 된다. 그래서 대화라는 건 말하기와 듣기가 동시에 이뤄져야 한다. 그중에 제일 필수적인 준비물은 경험이다. 그 경험이 책을 통한 간접 경험이든, 살아오면서 겪은 직접 경험이든 간에 말이다.

: 경험의 비교, "나도 그런 기억 있는데요." :

공감하는 자세에서 한 걸음 더 나아간 게 '공감대'를 갖는 일이다. 대화를 시작하기 전에, 또는 대화하는 도중이라도 좋다. 상대방의 이야기에 내가 겪은 경험과 같은 경험이 있다면 둘 사이엔 공감대가 형성되고 대화의 깊이도 깊어진다.

어떤 이야기를 하더라도 모든 이야기가 둘 사이에 만들어진 공감대 위에서 들리기 때문에 이야기에 대한 이해도도 높고, 이야기를 나누면 나눌수록 두 사람의 친밀도가 더욱 깊어진다. 이건 마치 '두 사람이 시간차만 둘뿐, 같은 것을 보고 같이 다녔다는 착각을 들게 할 정도다.

가령, 상대의 이야기 속에 내가 공부했던 분야, 내가 갔던 여행지, 내가 들러본 식당의 메뉴, 내가 다녔던 학교, 내가 가입해서 활동해본 동아리, 내가 놀아본 놀이기구 등처럼, 이야기의 소재가 같다면 두 사람의 대화는 서로의 감정을 공유하는 데 빨라진다. 놀이기구를 타면서 무서웠거나 즐거웠던 기억도 되고, 식당에서 맛본 음식의 맛에 대한 평가도 공감할 수 있어서다.

"나도 거기 아는데."

"나도 먹어봤는데."

대화하면서 공감대를 이끌어내기 위해 적절한 자기 노출도 필수적이다. 이야기의 주제와 관련된 개인적인 경험을 바탕으로 이야기를 진행해 상대방의 대화 몰입도를 높일 수 있다.

"거기 알아? 어때? 가끔 생각나지 않아?"

"거기 가봤다고? 우아! 그럼 그 옆에도 알겠네?"

공감대를 갖는다는 건 대화가 연결된다는 의미다. 이야기를 나누는 사람들이 서로에 대해 더 깊이 알게 된다는 것도 된다. 대화의 깊이가 깊어지고 서로에 대해 많이 알수록, 대화를 나누는 사람들 사이에 끈끈한 유대관계가 형성된다.

8.
공감하는
대화하기

오프라 윈프리는 대화할 때, 만나는 순간 주저하지 않고 바로 이야기를 시작한다.

공감을 빨리 나누기 위해서다. 대화를 하려고 준비시간이 너무 길다보면 기회를 놓친다. 낯선 장소에서 사람들은 자기 자신을 감추고 되도록 좋은 모습만 보이려는 본능이 있다. 그러다보면 진실한 이야기가 나오지 않는다. 포장되고 가공된 이야기가 나오게 된다. 이야기할 사람에게 준비할 시간을 주면 안 된다.

대화를 나눌 사람이 다가와서 자리에 앉는 순간, 오프라 윈프리가 이야기를 꺼낸다. 어색할 순간도 없이 바로 자연스럽게 대화가 시작된다. 공감이 빠를수록 대화가 깊어진다는 사실을 아는 그녀의 대화법이다.

길거리를 지나다가 마음에 드는 이성을 발견했는가?

나중에 또 보면 말을 걸어봐야지 생각하다간 놓치고 만다. 지금 만났을 때, 바로 대화를 시작해야 한다.

내가 기다리던 기회는 다른 사람들도 기다린다. 그렇게 많은 사람들이 만나길 기다리는 기회는 항상 바쁘다. 한가하지 않다. 당신 앞에 나타났을 때, 그 순간을 잡아야 하는 이유다.

당신이 바라던 기회는 절대로 당신 스케줄에 맞춰 나타나주지 않는다. 기회는 기회의 스케줄대로 움직인다.

그리고 공감의 다른 이름은 긍정으로 부를 수 있다.

"그럴 수도 있겠어요!"

그녀처럼 상대방의 이야기에 긍정하자. 긍정하는 것은 상대방에게 더 진술한 이야기를 듣는 가장 좋은 방법이다. 이야기하는 사람은 자기 이야기가 상대에게 잘 들리는지, 상대방이 내 이야기를 잘 듣고 있는지 궁금하다. 이야기하는 상대방을 응시하며 고개를 끄덕이거나 '응', '좋아', '대단해'라는 긍정 표시를 하라. 상대방의 이야기는 더욱 깊어진다. 그리고 긍정이란 상대방을 이해한다는 것과 같은 말이다.

누군가의 이야기를 듣고 '그럴 수 있다', '가능한 일이다'라고 말해주는 건 그 사람을 이해한다는 표현이기도 하다. 내 이야기를 듣는 사람이 말끝마다 부정한다고 생각해보자. 이거 뭐 기분 나빠서 이야기하려야 할 수도 없다.

토를 달고 부정하고 반박을 하는 사람 앞에서 무슨 이야기가 될까? 이야기를 듣는 순간엔 긍정할 수 없는 말이라도 그 순간만큼은 "그럴 수도 있겠다."라고 해주는 게 훨씬 더 좋다.

사람들은 누구나 실수를 한다. 정작 실수를 할 당시에는 그게 실수인지 모르지만, 나중에라도 실수를 깨닫게 되는 일이 있어서다. 자기 실수를 알면서도 저지르는 사람은 없다.

그런데 이야기하는 사람 앞에서 "그건 네 실수야!"라고 바로 말해 버리면 대화가 단절되고, 이야기하던 사람은 '아, 그게 내 실수였던가? 어디서부터 뭐가 잘못된 거였지?'라고 다른 생각을 하게 된다. 대화가 멈추고, 화제가 바뀌거나, 대화 자체가 무색해져 버린다.

그러므로 이야기할 때는 그 사람 앞에서 '부정보다는 긍정'을 말해줘야 한다. 나중에라도 자기 생각이 틀렸고 그것이 자신의 실수였다고 깨닫게 되는 순간이 오더라도 사람들은 자기가 이야기할 때, 긍정해주고 그럴 수도 있겠다고 감싸준 사람들을 기억한다.

자신의 실수마저 감싸주려는 사람이 당신이라는 소리다. 그 사람이 당신에게 더 의지하고 고마워하며 신뢰를 갖게 되는 건 당연하다.

: 공감하는 자세, "대화가 엄청 쉬워져요." :

"정말 힘드시겠습니다. 당신에 비하면 제 고통은 아무것도 아니었습니다."

"세상 모든 일에는 그럴 만한 이유가 있습니다. 우리들 삶에서 우연인 일은 없습니다. 지금 순간도 이 또한 지나갑니다."

지금 힘들더라도 곧 괜찮아질 것이고 오늘보다는 내일이, 모레보다는 글피가 더 나을 것이라는 미래 희망적인 긍정의 표현들이다. 고민하고 좌절하고 "내 인생은 왜 매번 이 모양이지!"라고 한탄하는 사람들에게 주위 사람들이 건네는 용기의 말이다. 물론 피부에 체감되는 도움을 주는 말들이 별로 없다는 게 문제다.

"넌 내가 힘든 걸 몰라! 내가 얼마나 힘든데!"

이 세상에 가장 큰 고민은 뭘까?

그건 내가 겪는 고민이다. 그래서 정말로 도움이 되는 이야기는 다소 철학적이고 미래지향적인 이야기들 대신에, 오히려 짧고 강렬하면서도 현실적인 이야기가 더 낫다.

고민한다는 건, 물에 빠진 사람이 허우적거리는 상황과 같다. 그래서 고민에 빠진 사람들은 어떠한 이야기도 쉽게 귀에 들어오지 않는다. 자기가 겪는 고통을 경험해보지도 못한 사람이 위로랍시고 건네는 조언 따위는 지금 당장 물에 빠졌는데, 이제야 수영을 가르쳐주겠다는 사람과 다를 바 없다.

물에 빠진 사람에게는 로프나 막대기, 구명조끼를 던져줘야 한다. 그런데 그 사람은 물가에 서서 말로만 "거긴 뭐 하러 들어갔니? 누가 거기 들어가라고 그랬니? 거 봐, 내가 그럴 줄 알았다. 그러기에 진작 수영이라도 배워두지 그랬니?"라고 주절거리는 것과 같다.

남은 힘을 모아 있는 힘껏 물에서 빠져나오면, 당장 뺨이라도 때려주고 싶은 마음이 드는 이유다. 사람들은 자기가 겪는 고민이 제일 크다고 여기기 때문이다.

그런데 오프라 윈프리는 다르다. 그녀는 성공한 사람이 보이기 쉬운 거만함을 절대 드러내지 않는다. 계부 밑에서 사생아로 자랐으며, 할렘가의 미혼모가 되었던 사실, 그리고 그때 낳은 아이를 겁에 질려 내다 버린

범죄에 이르기까지, 그녀가 겪어온 아픔을 절대 잊지 않고 있다는 태도를 보인다. 그녀가 공감한다면 사람들이 받아들이는 이유다.

오프라 윈프리는 아무리 가혹한 시련 가운데 서 있는 사람에게도 '나도 당신이 겪는 고통을 알고 있다'라는 태도로 따뜻한 이야기를 건넨다. 그녀의 이야기는 그 사람이 얼마나 힘든지 이해할 수 있을 것 같다고 할 뿐이다. 그런데도 사람들은 그녀의 이야기를 듣고 마음에 안정을 찾기 시작한다. 그녀의 고통 또한 자신보다 더하면 더했지 덜하지 않다는 것을 잘 알기 때문이다.

이렇듯 타인의 아픔을 함께하는 자세로 말하면 타인의 공감을 얻기 쉽다. 공감하는 자세는 실제 공감 여부를 따지지 않더라도 대화를 나누는 데 있어서 큰 효과가 있다.

'저 사람도 나와 같은 아픔이 있었구나.'

'저 사람은 그 아픔을 어떻게 이겨냈을까?'

'나의 아픔을 이해해주는 사람이라면 내 안에 이야기를 다할 수 있어.'

공감하는 자세라는 건 상대방의 아픔이나 기쁨을 받아들이겠다는 표시이기도 하고, 즐거움을 배로 만들고 아픔을 반으로 줄이려는 마음의 표시이기도 하기 때문이다. 대화 준비는 공감하는 자세를 갖는 것에서 시작한다.

오프라 윈프리 쇼에 〈행복을 찾아서〉라는 영화를 찍은 윌 스미스가 출연했을 때 나눴던 대화 내용이다. 그녀는 영화를 두 번이나 봤으며, 특히 화장실에서 아버지와 아들이 누워서 자는 모습에서 큰 감동을 받았다

는 이야기로 출연배우와 적극적인 공감대를 형성했다. 윌 스미스는 연기
했을 당시의 기분을 이야기하며, 자신의 아들과 함께해서 더욱 몰입이
잘되었다는 사실까지 털어놓았다.

오프라 윈프리가 적극적인 관심을 갖고 질문을 던지니 질문을 받는 배
우 역시 단순히 영화홍보 차원에서 대답을 하기보다는, 시청자들이 궁
금해하는 당시의 상황에 대해 더욱 솔직하게 털어놓았다. 사실 이 대화
만으로도 시청자들은 영화 관람을 결심했을 것이다. 이처럼 대화 상대에
게 깊은 관심을 가짐으로써, 그 자체만으로도 훌륭한 공감을 발휘할 수
있게 된다.

유의해야 할 것이 있다. 월드컵 축제보다 지역 주민들에게는 읍내 소싸
움이 최대 축제이며, 외국기업의 사례를 열 번 드는 것보다 자신이 몸담
고 있는 기업을 소재로 대화를 풀어나가는 것이 공감을 쉽게 이끄는 방
법이다. 지구 반대편에서 자연재해로 1천 명이 죽었다는 뉴스보다 서울
시내 화재사건으로 10여 명의 사상자가 났다는 뉴스에 사람들은 더욱
집중한다.

그래서 진실로 공감하기 위해서는 지극히 개인적인 것부터 시작해야
한다는 것을 명심하자.

9.
상대방을
기억하기

오프라 윈프리는 상대방을 기억해준다.

상대방의 마음을 흔드는 대화의 시작은 '상대방을 기억'해주는 것이다.

"우리 만났었죠? 그때보다 더 젊어지셨어요!"

"여기서 다시 보네요!"

"그때 고마운 기억 지금도 간직하고 있어요."

상대방이 무엇을 좋아하는지, 상대방이 어떤 옷을 입었는지, 상대방에게 고마웠던 일이 무엇이었는지 기억해주자. 오랜만에 만난 사람일지라도 시간의 연속성이 생긴다. 마치 어제 만나고 다시 만난 사이처럼 느껴진다.

살아가는 동안 수많은 사람들과 만나고 헤어지면서 당신의 연락처는 채워졌다가 줄어들고, 줄어들다가 채워지는 상황이 반복된다. 그럴 때마다 모든 사람을 기억하긴 어렵다는 걸 알게 된다. 가물가물한 기억을 공유한 사람이 있고, 연락처에 이름은 있는데 도무지 아무 기억이 없는 사람도 있다.

이 사람이 누구지? 이 사람을 내가 왜 만났지? 도대체 누군지 모르겠네.

이건 당신만 그런 게 아니다. 상대방도, 또 다른 누군가도 각자 자신의 연락처를 들여다보며 갖는 생각이다. 그래서 사람들은 자신을 기억해주는 사람에게 흔들린다. 마음을 흔들고 싶은 누군가 있다면 그 사람을 기억하자. 그리고 그 기억은 특별한 날, 특별한 기억이어야 한다. 너무 소소한 상대방의 행동까지 기억하고 있다는 건 좀 무섭게 들리는 이야기이니까 말이다.

무엇보다 중요한 것은 좋은 이미지로 기억되어야 한다는 것이다. 당신이 알고 있는 많은 사람 가운데, '가장 유머러스한 사람'을 꼽아보자. 또, '가장 본받고 싶은 사람', '가장 매너가 좋은 사람', '가장 성격이 좋은 사람', '가장 일을 열심히 하는 사람' 등에 해당하는 사람을 떠올려보자.

각 항목별로 누군가의 이름과 얼굴이 연상될 것이다. 이런 연상은 타인이 당신에 대해 평가하는 경우에도 유효하다. 누군가 이런 기준으로 평가한다면, 당신은 좋은 이미지의 영역에 포함되는 사람일까?

우리는 보통 주변 인물을 '~한 사람'이라고 요약해서 평가하기를 좋아한다. 가장 특징적인 요소를 단정적으로 평가하는 것이다. 만약 누군가에게 당신이 '짜증이 많은 사람', '진실함이 부족한 사람', '별로 특징이 없는 사람' 등으로 평가받고 있다면 인생에 있어서 그보다 치명적인 실수는 없다.

이 한 줄의 평가는 사람마다 각각 다르겠지만, 내 자신의 말과 행동을 기초로 하기 때문에 거의 비슷한 평가가 이루어진다. 당신에 대한 입소문은 순식간에 퍼진다. 좋은 것이 나쁜 것으로 바뀌는 시간은 순간이지만, 나쁜 것이 좋게 바뀌는 것은 오래 걸린다.

당신을 '좋은 이미지의 사람'으로 만들어주는 가장 빠른 길은 무엇일까?

'좋은 이미지의 사람'은 착하다거나 인간성이 좋다는 말과는 별개의 것이다. 이미지란 깊은 내면의 평가가 아니라, 찰나의 감정을 끄는 매력 요소다. 누군가를 처음 만났을 때, 그 사람의 첫인상은 입고 있는 옷이나 풍기는 이미지 혹은 약속시간을 준수하는 정확함 등으로 형성된다. 그다음의 판단은 첫 대화에서 시작된다.

사람과의 첫 대면은 한마디의 말로 시작된다. 그것은 바로 인사다. 인사는 대화를 시작하기 위한 물꼬를 튼다. 스쳐가는 만남이라도 인사를 시작으로 짧은 대화가 오가기 마련이다. 사회생활을 통해 체득하는 것이 있다면 상대방이 나를 잘 몰라도 먼저 다가가서 인사하는 사람은 그 분야에서 발이 넓어진다는 사실이다. 좋은 이미지를 줄 수 있는 첫 열쇠가 바로 인사라는 것을 기억하자.

: 시선 처리, "당신의 이야기 속에 빠졌어요." :

대화 준비에 필요한 것을 꼽으라면 대화를 시작하기 전에, 말을 꺼내기 전에, 상대방을 바라보는 '시선 처리'에 대한 것이다.

대화의 돌발 상황에 대한 대처법이라고도 부를 수 있다. 가령, 수많은 이야기가 오가는 방송을 떠올려보자. 생방송에서 돌발 상황이 생겨도 마찬가지다. 녹화방송이라고 해도 다를 바는 없다.

돌발 상황에서는 짜인 대본대로 진행되지 못하고 즉석에서 새로운 상황을 그대로 만들어 진행하게 된다. 이럴 때 대처를 잘하는 사람은 타고난 이야기꾼이라고 불릴 만한 천재성을 갖춘 사람이기도 하다.

특히 돌발 상황에 대한 애드리브와 출연자들의 리액션 및 호응해주는 반응 역시 웃음을 주는 요소이긴 하지만, 이것을 마치 짜인 각본대로 하는 것처럼 천연덕스럽게 이어 붙이는 사람이 있다. 재미있는 상황을 빨리 캐치하고 동시에 과장스런 동작을 추가해서, 시청자들 눈에 더 크게 돋보이게 하는 순간을 만드는 것은 감각적인 대화 능력 없이는 안 된다는 의미다.

'시선 처리'라는 게 대화 준비에 속한다고 보는 이유다. 시선 처리를 잘하는 사람은 대화를 나누면서 마치 모든 상황을 미리 대비하고 계획 하에서 움직인다고 생각하기보다는, 방송국 스튜디오에 있는 카메라랑 같이 24컷, 30컷으로 자신이 카메라에 비춰지는 모습을 한 장 한 장 찍는 사람이라는 느낌이 들게 한다. 카메라가 '찰칵'하기 전에 그쪽을 바라보며 표정을 짓는 느낌이 들기 때문이다.

특히 방송에서 새로운 화제를 꺼내 말을 시작할 때도 자연스러운 시선 처리는 단어 수를 한 음절씩 끊었다가 이어 붙이는 효과를 갖는다. 단어와 단어 사이를 생각하며 순식간에 이어 붙이는 능력은 시선 처리를 하면서 상대방의 시선에 맞닿는 순간과 동일하게 여겨진다.

시선을 두는 곳이 상대방 눈이든, 상대방 턱이든 그건 상관없다. 때로는 대화를 나누는 자리가 아닌, 옆 테이블 사람들을 흘깃 쳐다보는 것만으로도 충분하다. 시선 처리를 잘한다는 건 대화하면서 이야기의 전달 능력을 자유자재로 조절할 수 있다는 것과 같아서다.

시선을 맞추는 것은 친밀함을 강화시키는 행동이다. 따라서 두 사람 사이의 친밀도는 '시선의 접촉 정도'에 따라 균형이 유지된다. 별로 친하지 않는 사람끼리 대화를 나누게 될 때는 서로 시선을 주지 않음으로써 친밀감을 줄여 실제 친밀도에 맞추려 한다.

사람들은 눈을 맞춘 상대에 대해서는 대부분 좋은 인상을 갖는다. 시선을 피하는 상대에 대해서는 누구나 자신이 거부당하고 있다는 불안감을 갖는다.

반대로 시선을 맞추는 상대에 대해서는 자신에 대해 '좋은 인상을 가지고 있다'라고 느끼는 법이다. 따라서 상대에게 신뢰를 주고 상대를 자신에게 유리한 방향으로 심리 유도하고자 할 때, 눈은 상대의 마음을 다루기 위한 키포인트가 된다.

특히 지나치게 오랫동안 상대의 눈을 응시하게 되면 호의가 불쾌감으로 변할 수도 있기 때문에 세심한 주의가 필요하다. 보통 7~8초 정도를 넘지 말아야 한다. 그 이상 쳐다보게 되면 상대는 불쾌감과 함께 '시선 공포'를 느끼게 된다.

10.
목소리의 크기
조절하기

오프라 윈프리는 대화하면서 목소리의 크기를 조절한다.

때로는 작게 이야기할수록 관계가 더 가까워진다. 크게 이야기할수록 재미는 배로 늘어난다. 목소리의 크기가 중요한 이유다. 바로 옆에 가까이 앉았는데 크게 이야기할 필요는 없다. 아무런 내용이라도 좋다. 가깝게 앉아서 속삭이듯 이야기해보자. 뭔가 두 사람만의 긴밀하고 비밀스런 내용처럼 느껴진다.

다음엔 조금 떨어진 상태에서 주위 사람이 들릴 정도로 큰 목소리로 이야기해보자. 사람들이 귀를 기울이는 게 느껴진다. 어떤가? 자랑하고 싶은 이야기, 사람들에게 인정받고 싶은 이야기가 나올 법하지 않은가? 이야기의 크기가 중요하다.

대화 준비에서 '목소리의 크기'를 조절하는 연습을 빼놓을 순 없다. 말하는 속도는 다소 느리고 조곤조곤하게 느껴지는 사람이 있다고 하자. 이런 사람들과 대화를 나누며 이야기를 듣다보면 마치 옆에서 바싹 다가 앉아서 긴밀한 이야기를 나누고 있다는 느낌을 받기도 한다.

반면에 목소리가 작은 편이다보니 화를 낼 때도 그 감정 표현이 제대로 전달되지 않는다는 단점이 있긴 하다. 대화의 친밀도를 높여주는 장점이 있지만, 대화 내용의 전달력이 약하다는 단점도 가졌다는 의미다.

그래서일까? 대화하면서 손동작을 많이 쓰고, 동작을 크게 만들면서 다소 과장된 몸짓까지 보이는 사람들이 있다. 그 이유는 사람들의 시야를 사로잡고, 이야기의 흐름에서 자신에게 시선을 고정시켜주는 효과를 얻기 위함이다.

어떤 사람은 무슨 말을 해도 목소리 톤이 똑같은 사람이 있다. 화를 내는지, 칭찬을 하는지 상대가 분간할 수 없을 정도로 기복이 없는 화법을 지녔다. 이런 사람은 당장 목소리 톤을 바꾸려고 하기보다는 모션이나 표정 등으로 자신의 감정을 표현하는 것이 좋다. 평생 굳어진 목소리 크기를 쉽게 바꿀 순 없지만, 표정이나 모션 등은 일정한 노력만 기울이면 가능하기 때문이다.

목소리가 작아서 대화하기 힘들다고 생각하는가? 그럴 때는 손동작을 크게 만드는 연습을 해보자. 손동작이 크면 클수록 사람들은 당신의 이야기에 귀를 더 기울이고, 귀를 기울일수록 오히려 작은 목소리가 장점이 된다.

: 상대방에 대한 공부, "그 사람 취미가 뭐에요?" :

목소리의 크기는 상대방과 나 사이에 거리감을 결정짓는다. 그래서 대화를 할 경우엔 상대방과 거리감이 없도록 상대방이 좋아하는 화젯거리를 준비하는 게 좋다.

 가장 효과적인 방법은 상대방 대해 공부해두는 일이다. 아무 생각 없이 만나지 말고 이야기할 소재를 준비해둬야 한다는 얘기다. 가장 좋은 방법은 상대에 대해 미리 알아두는 것이다. 사람들은 자기 이야기에 관심을 갖기 때문이다. 남들이 하는 자기 이야기처럼 귀에 솔깃하게 들리는 소재가 없다.

 나에게 관심이 있고, 관심이 있다는 사실을 화자가 꺼낸다면 그것만큼 고마운 일도 없다. 사람 마음은 다 똑같다. 흘러가는 말로 "이번 주에 개봉하는 영화나 볼까?"라고 했는데, 다음날 친구가 표를 예매해왔다면 그야말로 감동이다. 직장동료가 자기계발을 하기 위해 어학원을 찾아보고 있다면, 자신이 알고 있는 곳을 추천해주는 것도 좋은 방법이다.

 대놓고 물어보거나 의사표현을 하지 않았지만 상대방이 그것을 기억하고 먼저 말을 건넨다면, '이 사람은 내가 흘린 말에도 신경을 쓰는구나', '다음번엔 내가 도움을 줘야지'라는 생각이 저절로 들게 된다.

 '어떤 직업이지?' '어떤 친구들과 만나지?' '해외에 다녀온 적 있을까?'

 상대방에 대한 것이라면 무엇이든 좋다. 주변에 물어볼 사람이 없다면 인터넷을 이용하는 방법도 있다. 그 사람의 이름, 전화번호, 출신학교 등 미리 알아낼 수 있는 것들을 최대한 모은 후에 인터넷에서 검색하는 방법이다. 상대방에 대해 아는 만큼 대화의 내용이 다양해진다.

 "오사카에 가보니 좋던데 상대가 오사카 여행을 다녀온 것을 알고."

 "요즘에 새로 나온 영화가 뭐더라? 상대가 영화 감상을 즐긴다는 것을 알고"

"나는 그 브랜드가 좋던데_{상대가 특정 브랜드를 모은다는 걸 알고.}"

SNS를 활용해서 요즘 그 사람이 살아가는 이야기도 화젯거리가 된다.

"카톡 사용하지?"

"페이스북 이름이 뭐야? 친구 추가할게."

주변 친구들 이야기도 알 수 있고, 그 사람이 어디에 주로 가는지, 무엇을 좋아하는지도 알 수가 있다. SNS를 사용한다면 온라인상에서 그 사람과 친구가 될 수도 있다. 만나서 하는 대화도 되고 온라인에서도 더욱 가까운 대화가 가능하다. 만남을 갖기 전에 온라인에서 인사를 주고받아도 된다. 만남을 가진 후에는 온라인에서 대화를 이어갈 수도 있다. 이처럼 상대방에 대해 미리 알아둔다면 대화를 나누는 데 도움이 크다.

사람들도 상대가 원하는 것, 상대가 두려워하는 것, 상대가 하고 싶은 것을 캐치해내려고 노력하자. 동료에게 목이 말라 복숭아 음료수를 사줬다고 치자. 만약 상대가 복숭아 알레르기가 있었다면 그건 몰랐다 하더라도 큰 실례를 범한 것이다.

말은 더욱 그러하다. 한 번 내뱉으면 다시는 주워 담을 수 없으므로 상대에게 집중하고, 사소한 부분까지 배려하여 내가 먼저 불편함을 덜어준다면 당신의 핸드폰은 '발신자' 표시보다 '수신자' 표시로 넘쳐날 것이다.

안녕하세요, 여러분! 오프라 윈프리입니다.
오늘은 당장에라도 여러분 가정에서 일어날 수 있는
문제를 다뤄보려고 합니다.
아마 여러분은 그 문제가 무엇인지
상상조차 못할 것입니다만,
매우 놀라운 일입니다.
그 문제가 여러분의 아이들에게도
일어날 가능성이 높기 때문이에요.
제가 겪은 개인적인 일부터 말씀드릴까요?

by 오프라 윈프리 쇼

Listening

오프라 윈프리 대화법

'상대방의 귀는
내 마음을 듣는다'

사랑하는 연인들도 서로의 마음을 80%만 이해한다. 사람의 의사소통은 아무리 미사어구를 많이 늘어놓아도, 긴 시간 주구장창 같은 이야기를 반복해도, 상대방에게 내가 말하고자 의도한 내용의 80% 정도밖에 전달하지 못한다. 듣는 이들의 귀를 모으고 집중시킬 수 있도록 120% 노력을 들여야만, 상대방이 100% 정도 이해할지 모른다는 의미다.

늦깎이 장가를 가려는지 늦은 나이에 연애를 시작한 어느 남자의 이야기다. 연애를 시작하면서 도무지 여친의 얘기를 제대로 알아듣지 못한 것 같아서 고민 중이란다. 그 이유를 들어보니 이렇다.

"오빠, 오늘 내 친구들 만나는 거 알지? 잘해!"

드디어 여친의 여친들을 소개받는 날, 그 남자는 여친의 친구들이니까 제대로 대접해주자고 마음먹었다. 그래서 여친의 친구들에게 유머를 막 던져 히히깔깔 웃게 해주고, 술도 식을세라 여친의 친구들에게 먼저 건배를 제안해주고, 술값도 시원하게 자기가 냈다.

그 남자의 생각에 남친으로서 할 도리는 제대로, 아니 그 이상으로 해냈다고 자부했다. 그런데 친구들을 돌려보낸 후, 여친의 얼굴이 예사롭지 않았다. 그리고는 말귀도 못 알아듣는다고 투덜거리더니 짜증을 내며 집으로 먼저 가 버렸다.

사실 그 남자의 경우엔 여친의 말을 제대로 이해하지 못해서 일어난 경우다. 여친이 자기 친구들을 소개해주면서 "잘해!"라고 말하는 건 '자기에게 더 집중하고, 친구들이 자기를 더 부러워하도록 특별히 자기를 대우'하라는 얘기다. 그런데 실상은? 여친의 이야기를 잘못 알아듣고 오히려 그 반대로, 여친의 친구들에게 더 잘해주었으니 여친이 화가 난 건 당연한 일이다.

또한 남녀 간에도 서로의 대화법을 오해해서 생기는 차이가 있으니 이런 사례가 있다.

"여보세요? 거기 꽃배달이죠? 밸런타인데이에 초콜릿 꽃바구니를 주문할 건데요, 받을 사람은 아무개 씨입니다."

"네, 내용은 뭐라고 적어드릴까요?"

"꽃보다 더 아름다운 당신을 사랑합니다. 이렇게 써주세요."

"네, 손님. 바로 배달해드릴게요. 감사합니다."

전화를 건 사람은 남자였고, 꽃바구니를 받을 사람은 여자였다. 그런데 이게 웬일?

"꽃배달입니다. 아무개 씨 맞으시지요?"

"네, 전데요."

"네, 꽃바구니 배달왔습니다."

"누가 보낸 건가요?"

"보내신 분이요? 아, 네. 잠시만요."

꽃바구니에 메시지 카드를 꺼냈다. 메시지 카드에 보내는 남자의 이름이 적혀 있었다.

"네, 여기 있네요. 보내신 분 성함이 ○○○님인데요."

남자의 이름을 들은 여자는 자기 자리에서 일어났지만 꽃바구니를 받으려고 하지 않았다. 여자는 자기 자리에서 일어난 상태 그대로 정지한 시간처럼 멈춰 서 있을 뿐이었다.

"갖다 드려요?"

소리는 내지 않고 입술 모양만 움직여 여자에게 물어봤다. 어깨를 으쓱이고 궁금한 표정을 짓는 것도 잊지 않았다. 여자는 꽃배달 직원의 얼굴만 맥없이 바라보더니 가까스로 입을 열었다.

"그거 안 받아요. 싫어요. 그냥 버리세요."

"잠시만요, 김 아무개님. 여기 사인이라도 해주셔야 해요. 아니면 저희가 결제를 못 받아요. 사인만이라도 해주세요."

여자는 꽃바구니를 쳐다볼 생각도 하지 않았다. 도대체 무슨 일인가?

여자에게 마음을 뺏긴 남자가 자기 마음을 고백하며 집착하는 상황, 어떻게 하든 여자의 마음을 얻으려고 사랑 고백을 하며 꽃이나 선물로 여자에게 다가서려는 시기, 그런 상황이었다. 여자는 남자를 보고 호감을 가진 게 아니라 그저 예의상 미소를 지어주고 응대해줬을 뿐, 만남은 생각조차 안 하는 게 분명했다.

남자는 여자가 자기의 이야기를 들어주고, 웃어주고, 상냥하게 응대를 해주는 걸 보고 '여자가 나를 좋아하는구나!'라고 생각한 이유다. 이처럼 자기식대로 해석하는 대화법은 오해를 부른다.

・ ・ ・

반면에 서로에 대해 잘 아는 사이에서는 긴 이야기의 대화가 아니더라도 때로는 짧은 메모 한 장으로도 아름답다. 대화법을 잘 몰라서 서툰 고백을 하는 경우, 여친에게 오해를 사고 짜증을 받아들여야 하는 일들도 생기지만 사실 대화법은 고백이나 프러포즈가 아닌, 메모 한 장으로도 아름다운 경우가 있다.

그날도 밸런타인데이 무렵이었다. 아이를 출산한 아내에게 퇴원하고 집에 돌아오는 날 선물을 주기 위해 남편이 같은 날 아내에게 주문한 꽃바구니였다. 메시지는 사랑한다는 내용과 아이의 아빠랑 엄마가 되었으니 앞으로도 행복하게 잘 살자는 약속이었다.

단 한 줄.

꽃바구니 안에 담긴 메모부터 열어본 아내의 눈가에 행복의 눈물이 그렁그렁 맺힌 모습이야말로, 그 부부처럼 서로를 사랑하는 사이에서나 가능한 대화법 아니겠는가?

"이야기를 들려주실래요? 제가 듣겠습니다."

대화를 잘하고 싶은 사람이라면 '듣기'와 '말하기'는 서로 떼려야 뗄 수 없는 불가분의 관계다. 말하기를 잘하려면 잘 들어야 하고, 듣기를 잘하려면 말하기를 잘해야 하기 때문이다. 그래서 듣기와 말하기는 서로 붙어 다닌다.

하지만 대화에 참여했다고 해서 자기주장만 늘어놓거나 대화 주제에 벗어나는 이야기, 자기가 하고 싶은 이야기를 하는 건 아니다. 정해진 주제 안에서 자기의 의견을 말할 뿐이며, 상대방의 이야기를 듣는 것^{대화는} _{듣는 것에서 시작한다}이 중요하다. 그래야 이해의 간극을 좁힐 수 있다.

'듣기'에 열중한 사람은 그 욕망을 배려로써 절제하는 것이다. 이 배려는 서로 간에 이루어져야 소통에서 가장 큰 힘을 발휘한다. 서로 상대방의 이야기에 귀를 기울여보자. '듣기'식 대화는 꼬리에 꼬리를 물고, 상대방의 마음속 더 깊은 심연으로 항해한다. 서로에 대해 누구보다 잘 알게되고 마음이 통하게 된다.

11.
상대방의
마음 듣기

오프라 윈프리의 대화법에는 특별한 게 있다.

그녀가 자기 이야기를 하면서 상대의 이야기를 끄집어내는 방법이다. 말하기도 되고 듣기도 된다. 들으면서 말하고 말하면서 듣는 방법이다. 상대의 마음의 소리를 듣고 말하기와 듣기를 번갈아 한다.

모처럼의 휴일, 집에서 예능 방송을 보던 중이었다. 출연자들이 경쟁하는 분장쇼에서, 4등 이하 출연자들은 마루에서 잠을 자야 하는 벌칙이 주어진 상황이었다. 그런데 등수 안에 들지 못한 한 출연자가 방안으로 들어와서 냉큼 자리를 차지해 버렸고, 그냥 잠이 들어 버린 일이 발생했다.

등수 밖 출연자가 몸이 아파 방안으로 들어왔다는 이야기는 꾀병을 가장한 거짓말이었다. 나중에 온 그 출연자는 다른 출연자들의 말을 그대로 믿고, 자신이 대신 마루에서 잠을 청하는 선택을 한 상황이었다.

그 모습이 방송 상 어쩔 수 없는 짜인 모습이었는지 아닌지 모르지만, 일단 예상치 않았던 상황에서 보인 행동이, 시청자들에게 따뜻한 사람이라는 이미지를 각인시켜줬다는 것은 부정할 수가 없다.

어떻게 이해해야 할까?

오히려 그 출연자는 방안에 있던 사람들의 이야기를 귀로만 들은 게 아니라, 평소에도 마음을 열고 진실되게 들은 사람이었다는 걸 확인시켜준 장면이었다. 항상 마음을 열고 진실한 마음을 주고받았던 사람에게서만 볼 수 있는 모습이다. 상대의 말을 믿지 않고 말이 마음의 소리라고 여기지 않는 사람에게선, 절대 나올 수 없는 모습이다. 그 남자는 유재석이었다.

하루는 대화를 통해 마음을 전달하는 또 다른 사람의 모습을 확인하게 되었다. 신동엽 이야기다.

신동엽은 자신의 큰형이 청각장애가 있어서, 어려서부터 형과 의사소통을 하기 위해 수화를 배웠다고 했다. 그래서 방송할 때, 손동작을 크게 하는 버릇이 있다고 고백했다. 그래서였을까? 사람들이 신동엽을 보면 가족의 사랑이 떠오르는 동시에, 형제간의 우애와 사랑 그리고 배려하는 마음이 돋보여 행복해진다. 마음의 소리를 전달하는 게 대화라고 할 때, 자신의 이야기를 시청자들과 방청객들의 마음에 전달하는 방법을 깨우친 사람이라는 걸 느낀다.

말을 듣지 못하는 큰형과 대화하기 위해 어린 시절부터 수화로 대화하는 법을 터득한 신동엽이 국민MC로 성공하게 된 건 당연한 결과일 수 있다. 상대방의 마음을 들여다보고 그들이 바라는 것, 그들이 원하는 것, 그들이 필요로 하는 것을 척척 찾아 보여주고 들려주는 진정성 어린 방송활동이 천재적인 것 외에도 노력에 의한 것임을 증명하는 대목이다.

오프라 윈프리는 대화를 나누면서 작은 부분도 생략하거나 넘겨짚지 않고 진지한 반응을 보인다. 마음으로 이야기를 듣는 태도다. 재미있는 말에는 발을 동동 구르며 웃고, 슬픈 일을 얘기하는 사람과는 함께 눈물을 흘리며 감정을 표현한다. 사람들이 그녀와 함께 이야기를 나누면서 몰입하는 이유다.

진지하게 듣는다는 건 상대의 이야기를 마음으로 소중하게 받아들인다는 것과 같다. 내 이야기를 온 마음을 다해 소중하게 받아들여주는 사람이 있는데, 누가 그 사람과 이야기하기를 주저할까?

오프라 윈프리 스타일의 '진지하게 듣기'는 상대로 하여금 이야기에 집중하게 만든다. 자기의 속을 다른 이에게 꺼내 보인다는 건, 물론 두려운 일이고 쉽지 않은 일인 게 맞다. 하지만 내가 어떤 이야기를 하든 진지하게 들어주는 사람 앞에서는 이야기가 달라진다.

그동안 남에게 쉽게 말하지 못한 이야기도 나오고, 혼자만의 생각이라며, 혼자만의 고민일 거라며 감추고 살았던 이야기도 나오게 된다. 진지하게 들으면, 상대방은 감추고 있던 이야기보따리를 풀어헤친다.

: 경청하기, "숨소리도 놓치지 않을 거예요." :

경청傾聽은 '귀를 기울려 들음'과 '공경하는 마음으로 들음'이라는 경청敬聽이 있다. 물론 귀를 기울여서 듣든, 공경하는 마음으로 듣든 화자가 이야기하는 내용을 잘 들으라는 동일한 뜻을 담고 있다. 그것이 대화의 시작이자 끝이기 때문이다.

사람의 신체기관에서 눈, 코, 입보다 예민한 기관이 바로 귀다. 사랑하는 사람이 귀에 대고 애정 표현을 건네면 귀를 통해 타고 들어온 애정 호르몬은 온몸에 퍼져 '두근두근' 심장을 뛰게 만들지 않은가. 사랑하는 연인끼리 사랑을 속삭이는 귀, 그렇다면 이제부터는 상대의 진심을 듣기 위해서라도 귀를 쫑긋 세우는 버릇을 들여야 할 때다.

경청은 '대화를 나누는 상대에게 집중하겠습니다', '지금 이 시간은 당신과 나에게만 주어진 시간입니다'를 간접적으로 알려주는 신호다. 그야말로 둘만의 시간을 충실히 보내겠다는 무언의 약속이며, 신뢰인 것이다. 단순히 대화 내용에 집중하여 내용을 파악하라는 뜻이 아니다.

화자가 말이 끝나기도 무섭게 자신의 의견을 내세우면 그건 경청이 아니다. 자신의 의견을 말하기 위해 잠시 기다린 것뿐이다. 성급하게 자신의 의견을 내세울 경우, 상대방이 말이 채 끝나기도 전에 말머리를 잘라먹게 될 수도 있다. 이야기를 듣는 동안 자신의 의견을 정리하느라 대화 내용에 집중하지 못할 수도 있다.

언어는 나쁜 습관일수록 빨리 길들여진다. 만약 이러한 습관을 가지고 있다면, 지금까지 아무런 문제제기를 받지 않았다 하더라도 하루빨리 고치도록 노력해야 한다.

오프라 윈프리는 상대방의 말을 충분히 듣기 전에는 함부로 넘겨짚지 않는다. 대화를 이어나가는 데 있어서 무엇보다 핵심적인 질문은 경청에서 비롯된다는 걸 잘 알기 때문이다. 내가 어떻게 질문하느냐에 따라 상대방이 할 수 있는 이야기가 결정된다.

경청은 상대의 이야기를 존중하며 듣는 자세를 가리킨다. 한마디도 빼놓지 않고 주의 깊게 이야기를 들으며, 함께 생각한다는 말과도 같다. 경청이란 글자 의미대로 존경하며 듣는다고도 말할 수 있다. 상대를 존중하고 주의 깊게 귀를 기울여 듣는 자세를 말한다.

"당신의 이야기를 경청합니다."

일반적으로 사람들이 누군가의 이야기를 경청하게 되는 이유로는 말하는 사람의 눈빛, 목소리, 자세, 지위, 기대감 등도 작용하는 게 사실이다. 어린이가 이야기하는 것과 어른이 이야기하는 게 다르고, 학생이 이야기하는 것과 교수가 이야기하는 게 다르다고 받아들여지는 이유다. 때로는 말하는 사람과 듣는 사람 사이에 관계를 감안해서 경청하게 되는 일도 생긴다. 일반적인 경우들이다.

하지만 오프라 윈프리는 세상 누구의 이야기라도 경청한다는 점이 일반적인 경우들과 다르다. 나이가 어리거나 많거나, 사회적으로 직업을 구분하지도 않고, 생김새를 고려하지도 않는다. 대화를 나누는 상대방 모두를 차별 없이 존중하며 듣는 자세, 그녀의 경청하는 자세다.

그러나 자기를 낮추는 게 좋다고 해서 너무 낮추는 건 꼴불견이다. 상대방의 마음을 듣는 대화를 하겠다고 하면서 자기 자신을 너무 낮추는 사람들이 있다. 자기를 낮추는 게 상대방을 높인다고 생각하는 사람들이다. 하지만 그건 좋은 생각이 아니다. 상대방을 높이는 대화란 상대의 입장을 배려해주고, 상대의 이야기를 경청하고, 상대방이 원하는 대답을 들려주는 걸 말한다.

자기를 낮춰서 상대를 높인다는 건 자기를 낮추는 만큼 상대방의 위치를 평가한다는 것과 같다. 말하자면, 상대방을 10으로 보고 자기를 9로 낮춘다는 말과 다를 바가 없다는 소리다. 상대방은 실제 100이 되고 1,000이 될 수도 있는데, 대뜸 자기가 상대방을 10으로 보고 스스로를 9로 낮춘다는 건 상대방에게 모욕이 될 수도 있다는 뜻이다.

오프라 윈프리는 대화를 나누면서 적게 말하면서도 큰 주목을 받는다.

그녀는 모든 상황을 듣는 데 몰두한다. 초대 손님의 이야기를 듣는 동시에, 출연자들의 행동 하나하나를 감각적으로 체크한다. 적게 말하는 대신 자신의 귀는 출연자의 이야기를 듣고, 눈은 전체 상황을 보며, 출연자의 행동을 출연자의 눈으로 지켜보며 연결시키는 방법을 안다.

대화의 여왕으로 세계 정상의 자리에 선 오프라 윈프리의 장점을 한마디로 정의하자면, 많이 말하기보다 많이 들어주기다. 그녀는 되도록 다른 사람들 앞에 의도적으로 나서지 않고 자기가 머물러야 할 자리를 지킨다. 그녀의 자리는 사람들의 중앙, 사람들의 이야기를 보조해줄 수 있는 흐름의 중간다리 역할이 되는 자리다.

가령, 초대 손님을 당황하게 만드는 출연자들의 어떤 말이라도 그 사이에 오프라 윈프리가 자리 잡고 있어서 표현을 부드럽게 완화해준다. 카메라 앞에 앉은 위치 역시 초대 손님과 방청객 사이에 그녀가 앉아 있다. 시청자들은 의식하지 않고 지나쳤을 부분이긴 하지만, 그 자리는 어쩌다가 만들어진 게 아니다. 카메라의 정중앙에 앉은 그녀의 자리는 방송 세트 상에서는 구석진 모서리가 되며, 카메라 앞에서는 중앙이지만 모인 사람들 사이에서는 안으로 들어간 자리다.

TV 브라운관이 평면 사각형이라고 생각할 때, 정중앙 모서리 자리는 좌우 출연자들 사이에 가려 드러나지 않는 위치일 수 있다. 하지만 오프라 윈프리는 카메라 앞에서는 드러나지 않는 자리를 택하되, 이야기의 허리를 받쳐 주면서 결국엔 자신이 돋보이는 방법을 택한 것이기도 하다.

생각해보자. 카메라는 초대 손님 위주로 비춘다. 대화를 나눌 때 사람들의 시선은 이야기하는 사람에게 집중되는 식이다. 시청자들이 보고 싶어 하고, 이야기를 듣고 싶어 하는 사람이기 때문이다. 여기에 고정패널들은 초대 손님과 맞은편에서 이야기를 끌어내고 분위기를 재미있게 만들어주는 양념 역할을 한다. 초대 손님의 이야기를 들어주며 사이사이에 재미있는 이야기를 곁들이는 게 고정패널의 역할이다.

자, 우선 자리 배정만 놓고 분석해보면 카메라는 초대 손님을 비추다가 고정패널을 비출 때가 생긴다. 초대 손님의 이야기를 끄집어내는 질문을 하거나 이야기에 맞춰 상황을 연출하는 순간이다. 그런데 이 순간 카메라가 반드시 거치는 사람이 있다. 바로 오프라 윈프리다. 초대 손님을 비추던 카메라가 고정패널을 비추기 위해 움직일 때, 자연스럽게 그녀의 모습을 보게 된다.

오프라 윈프리의 노련미가 드러나는 순간이 바로 이때다. 그녀는 중앙 구석 자리를 택한 덕분에 말 하나 없이도 카메라에 노출되는 효과를 갖게 된다. 하지만 여기서 멈추지 않는다. 카메라가 자기를 비추며 이동하는 그 짧은 순간을 그냥 버리지 않고 '추임새'를 넣는다. 마치 그녀가 시켜서 카메라가 이동한 것 같은 느낌을 받는다.

오프라 윈프리의 추임새는 카메라에 비춰지는 사람과 사람 사이에 연결고리를 만들어준다. 카메라에 비춰지지 않은 현장 상황을 설명해주기도 하고, 시청자가 곧 보게 될 상황을 미리 설명해주며, 기대감을 높이는 역할도 담당한다.

그녀의 이러한 영리함이 돋보이는 상황은 또 다른 경우도 있다. 출연자들이 시기적절하게 이야기를 만들어내지 못하는 순간이 되면, 이 순간 역시 그녀가 나서서 매끄럽게 방송에 녹아들 수 있도록 기름 역할, 윤활유 역할을 담당하는 경우를 말한다.

대화의 전체적인 흐름을 꿰뚫고 시청자들에게 재미를 선사하는 이야깃거리를 뽑아낼 줄 아는 노련함이 필요한 사람이 바로 진행자, MC의 역할이다. 진행자를 위한 프로그램이 아니라 시청자를 위한 프로그램이기에 더욱 그렇다.

오프라 윈프리는 초대 손님의 이야기가 지루해질 수 있다고 판단되면, 그 사람에게 다른 이야기를 요구하는 식으로 대화를 끊지 않는다. 오히려 카메라 밖에서 벌어지는 색다른 상황을 집어내면서 시청자들에게 무언의 상황에 또 다른 재미가 많다는 걸 암시해준다.

초대 손님의 이야기에 집중하던 시청자가 이미 아는 이야기이거나 혹은 지루하다고 여기며 리모컨을 들려고 했다면, 절묘한 타이밍에 채널을 돌리지 않고 머물게 되는 일이 벌어진다.

어떻게 이런 일이 가능하냐고?

그 이유는 바로 '적게 말하고 많이 듣기' 덕분이다. 대화를 시작하게 되면 자신의 이야기에 집중하게 되어 계속 말하려는 본능 때문에, 주위 상황을 인식하지 못하게 되는 게 사람이다. 자기 이야기에 자기가 빠지는 일이 벌어지는 것이다. 상대방이 내 이야기를 재미있다고 생각해줄까는 중요하지 않게 되고, 자기가 중심이 되어 이야기를 멈추지 않게 된다.

그렇다고 해서 그녀가 말을 적게 하는 사람은 아니다. 오히려 말을 많이 꺼내면서도 때로는 조곤조곤하게, 때로는 다소 큰 억양으로 밉지 않게 대화하는 법을 장점으로 활용한다.

그녀는 1인 MC가 어울리는 리드형 스타일인 동시에 여럿이 모여 상황을 만들어가는 연결형 스타일을 병행할 수 있는 게 강점이다. 적게 말하면서 집중을 받는 방법으로 상황을 연결하고, 적게 말하면서 상황을 리드할 타이밍 캐치에 강점이 있다는 뜻이다.

: **핵심 정리, "아하, 그런 이야기군요."** :

주절주절 모든 이야기의 전후 사정이나 이야기가 시작된 배경 등등, 듣다 보면 지루하게 되는 일과 그날의 대화에서 중요하지 않은 내용들은 최대한 생략하도록 한다. 이런저런 이야기들을 늘어놓기보다는 쉽고 간단한 핵심을 먼저 말하는 게 중요하다.

실제 대화에서는 두 가지 방법이 있다. 그날의 핵심 내용을 미리 말하고 이야기를 풀어가느냐, 아니면 이야기를 풀어가다가 제일 나중에 핵심을 이야기하느냐다.

여기서 핵심을 미리 말하고 이야기를 하면 듣는 이들의 집중도를 높일 수 있어서 좋은데 비해, 핵심을 나중에 이야기하면 앞에 이야기를 듣다가 정작 중요한 내용을 놓칠 수도 있다는 단점도 있다.

두 가지 방법 중에 어느 것을 사용하더라도 그건 말하는 사람의 선택이겠지만, 이왕이면 핵심을 미리 말하고 전후 사정을 추가하여 이야기하는 게 좋겠다. 사람들은 목적을 알고 나중 이야기를 듣는 데에 익숙해서다.

가령, 영화를 예로 들어보자. 영화가 개봉을 앞두면 예고편이 나온다. 어떤 영화라는 설명도 붙인다. 남녀 간의 사랑 이야기이거나 괴물이 나오는 공상과학 이야기 등, 영화에 대한 내용과 예고편을 미리 본 사람들이 극장에 간다. 영화의 핵심을 미리 보고 극장에 가게 되는 경우다. 어떤 영화인지도 모르고 무작정 극장에 가는 사람은 없지 않은가?

영화관을 찾는 관람객들은 이야기의 핵심을 먼저 듣고 나머지 이야기가 궁금해서 가는 사람들이다. 그래서 상대의 마음을 움직이는 대화의 기술은 '핵심'을 건드려야 한다. 양궁이라면 과녁판의 10점 만점 자리, 카메라 렌즈가 박힌 자리를 맞춰야 한다.

대화의 기술은 핵심을 다루는 능력이다. 상대방이 무슨 이야기를 하는지 뜬구름 잡듯이 이해하지 못하면, 머지않아 대화가 단절될 가능성이 높아진다. 대화할 때는 이야기의 핵심을 잡아야 한다.

하지만 이야기의 핵심을 빨리 잡아야 한다고 해서 대화를 시작하는 동시에 다짜고짜 '그래서 뭐?'라는 식의 대화는 곤란하다. '결론이 뭐야?'라는 것도 곤란하다. 대화하면서 핵심은 드러나게 되어 있는데, 이야기하는 상대방도 자신이 말하는 이야기의 핵심을 모르는 경우가 대부분이다. 그래서 먼저 핵심부터 말하라는 건, 이야기를 하지 말자는 말과 같다. 상대는 자기 이야기의 핵심을 찾으려고 당신과 이야기를 하자고 왔을 수 있다.

3·3·3 화법이라는 것이 있다. 단 30초의 짧은 시간 동안 내 의견을 전달할 수 있으면 성공이고 그렇지 않으면 실패라는 것이다. 30초안에 상대방이 관심을 보이면 3분 동안 다시 부연설명을 한다. 그리고 상대가 그 3분에 대해 집중해온다면 30분이라는 시간을 제공받는다.

거꾸로, 그가 보고를 받을 때도 역시 '3·3·3'은 적용된다. 아랫사람이 들어와 30초 동안 보고 내용을 정확하게 설득시키지 못하면, 기회는 그것으로 끝이다. 만약 30초의 이야기가 설득력 있게 다가오면 그에게 다시 3분간의 시간을 준다. 진지하게 생각해볼 가치가 있다고 판단되면, 그제서 30분의 시간을 갖고 진지하게 얘기해보자고 말한다.

13.
이기적 듣기,
이타적 듣기

오프라 윈프리는 상대방의 이야기를 들으며 호기심 어린 표정을 자주 짓는다.

섣불리 입 밖으로 꺼내지 못하던 이야기, 깊은 고통의 비밀 이야기도 편안하게 이어나갈 수 있도록, 출연자의 이야기에 진지하고 호기심 어린 표정으로 집중한다. 그녀의 이야기를 듣는 사람들도 마찬가지다. 그들에게 그녀는 '재미있게 해주는 사람, 감동받게 해줄 수 있는 사람'이라는 기대와 호기심을 갖게 하기 때문이다.

그녀의 대화를 보노라면 초대 손님이 1인일 때도 대화를 잘하지만, 두 명 이상이 출연한 방송에서 더욱 큰 빛을 발휘한다. 여럿 중에서 집중받는 방법을 아는 사람, 남들이 눈치 채지 못하고 흘러 버릴 상황도 재빠르게 잡아내서 더욱 재미있는 상황으로 녹여내는 사람, 그를 바라보는 사람들이 행복하고 즐겁게 웃을 수 있도록 모든 이를 위한 웃음을 만들 줄 아는 사람이 오프라 윈프리다.

왜 그럴까?

어린이부터 노년까지 모든 연령대의 사람들이 고민을 들고 나오는데, 방청객들이 해결할 수 있는 고민이라는 것도 한 이유가 된다. 만약 나이가 많은 할머니 할아버지가 고민을 들고 나올 경우, 진행자가 관여할 수 없는 고민이 되어 버릴 수가 있다. 하지만 오프라 윈프리는 다르다. 아직 살아보지 않아서 모르는 고민들이라고, 그들과 대화하지 못할 것은 아니다.

그녀는 출연자의 나이가 많은 경우엔 방청객들에게 조언을 달라며 마이크를 건넨다. 대화의 상대를 늘리는 방법이다. 그녀가 대화의 여왕이라고 해서 모든 대화를 혼자 해결할 수 있다는 것은 아니다.

이 점을 그 누구보다 잘 알고 있는 그녀는 자신이 잘 모르는 대화 내용이 있다면, 언제든 다른 사람을 대화에 참여시킨다. 오프라 윈프리 쇼를 보는 사람들이 적극적인 이유는 시청자에 머물지 않고, 방청객에서 끝나는 게 아니라 각자의 경험과 생각을 공유할 수 있어서다. 자신이 하고 싶은 이야기보다 상대방의 마음을 흔드는 이야기가 뭔지를 알기 때문이다.

사람들은 흔히 생각하기를 '귀는 듣는 것'이라고만 여기고, 그 대상을 상대방의 이야기나 밖의 소리를 듣는 것이라고만 착각한다. 그래서 상대방의 이야기, 남의 이야기를 잘 들으면서 정작 '자신의 이야기'는 자기 귀로 듣지 못하는 잘못을 범하기도 한다. 무엇보다도 중요한 게 자기 목소리를 듣는 것인 데도 말이다.

특히 우리의 '귀'는 말소리나 어떤 소리를 듣는 것만은 아니다. 지금 어떤 생각을 해보자. 당신의 마음은 어디에서 들린다고 생각하는가? 남에게 말하지 않았으니까 아무도 모를 것이고, 내 마음의 소리는 내 뇌의 어딘가에 저장되는 거라고 생각하는가? 아니다. 조금만 더 주의를 기울여 보면 당신의 마음의 소리는 당신의 귀가 듣고 있다는 걸 알게 된다. 사람의 '귀'는 자신의 마음의 소리를 들을 뿐 아니라 다른 사람의 마음의 소리도 듣는다.

생각해보자. 당신이 누군가와 이야기하는 중이다. 그런데 상대방의 이야기가 전혀 당신의 귀에 들어오지 않는다는 느낌을 받을 때가 있다. 물론 당신의 귀는 아무런 이상이 없다. 소리도 잘 들리고 음악도 잘 듣는다. 그런데 유독 당신과 이야기를 나누던 그 사람의 말소리는 당신의 귀에 들어오지 않는다.

왜 그럴까?

그 이유는 우리의 '귀'가 마음을 듣는 기능이 있기 때문이다. '귀가 열린다'는 건 '마음이 열린다' 이후에 나타나는 신체상의 작용이다. 그래서 당신이 누군가와 이야기를 나누지만, 당신의 마음이 먼저 열려 있지 않으면 당신의 귀는 그 누군가의 어떤 말소리도 듣지 않는다.

귀가 어떤 소리를 당신의 마음에 전달하는 관문이라고 생각할 때, 당신의 마음이 귀를 닫아 버리고 열어주지 않았다는 뜻이 된다. 그래서 우리의 '귀'는 소리를 듣기도 하지만 '마음'을 듣는 기능도 함께 갖고 있다. '들리다'와 '듣다'의 차이가 중요하다. 들린다는 건 당신 마음이 열려 있다는 뜻이고, 당신의 마음이 '기대한다'는 뜻도 된다.

이런 상황을 떠올려보자. 당신이 어떤 고민이 있어서 대화를 나눌 생각을 할 때 가장 먼저 떠오르는 사람, 그가 누구인가? 당신은 이미 그 사람에게 마음이 열려 있다는 뜻이다.

: 예의 갖추기, "당신을 존중합니다." :

대화의 예의는 경청하는 자세다. 대화는 주고받는 것이고 말하는 사람과 듣는 사람 사이에 실이 연결된 것과 같다. 여기서 예의는 그 실을 잡은 손이 되고, 이야기가 잘 전달되어 오도록 실의 팽팽함을 유지해주는 서로의 사이에 놓인 간격도 된다.

실이 출렁이면 이야기가 잘 흐르지 못하고, 실이 꼬이거나 다른 곳에 연결되면 이야기가 들리지 않는다. 예의는 대화를 나누는 사람들 사이에 적당한 간격이기도 하다. 야구를 떠올리자면 홈과 1루, 2루, 3루의 간격과 같다.

적당한 간격을 유지하는 룰이 있어야 야구라고 부르듯, 서로 대화하며 지켜야 하는 룰과 같은 게 예의다. 예의는 누구에게나 있는 자존심과도 직결된다. 자기만의 공간을 지키려는 방어벽이라고도 부를 수 있다. 나이가 많든 적든 상관없이 모든 사람들에게는 예의를 요구하는 갈망이 있다.

"나를 대우해줘."

"나를 인정해줘."

"나를 존중해줘."

이 모든 마음의 표현이 상대로부터 예의를 받는지 안 받는지에 따라 결정된다. 상대가 내게 예의를 지키고 있다는 걸 확인해야만 대화를 시작하는 사람들이다.

"당신이 먼저 차선을 어겼잖아!"

큰소리치는 사람이 이긴다고 생각하는 장소가 있다. 차를 운전하다가 생기는 접촉사고, 교통법규 위반 장소다. 어쩜 그렇게 사람들이 일관되는지 누가 잘못했는지 따질 순간도 없다. 차가 조금이라도 부딪히면 먼저 차를 세우고 뛰쳐나와서 큰소리치는 사람들이 있다. 그래야만 자기가 이긴다고 생각하는지 모른다. 그럴 때 제대로 운전을 배운 사람들은 그런 사람들을 보며 혀를 끌끌 찬다.

"어허! 이거 말이 안 통하는구먼!"

그러다가도 운전자들끼리 예의를 지키는 사람이 있다. "어디 다치시지는 않으셨어요."라고 말하며 보험처리를 하자고 제안하거나, 어떻게 처리를 할 것인지 상대방에게 의향을 물어보는 사람들인 경우다. 이럴 때 우리는 그 사람을 가리켜 말한다.

"어, 그래. 당신은 대화가 되는구먼."

위의 예로 든 상황이 아니더라도, 대화의 예의는 태도와도 연결되는 문제다. 가령, 약속 장소에서 기다리는 사람이 있다고 하자. 그 사람이 나타났다. 어떻게 할까?

테이블에서 일어나서 그 사람이 다가오기를 기다렸다가 같이 앉는다.

약속한 사람을 만나는 순간에 지켜야 할 예의다. 예의가 태도로 나타난 경우다.

그럼 약속을 마치고 헤어질 때는?

대화를 마치고 헤어질 때도 예의가 중요하다. 상대방이 먼저 출발하고 그 모습이 안 보일 때까지 지켜봐주는 게 예의다. 만에 하나라도 그 사람이 가다가 뒤를 돌아보게 되었을 때, 자기를 지켜봐주고 있는 나를 보게 된다면 어떤 생각이 들까? 자신에게 예의를 갖고 대해주는 내게 감사함을 갖게 되는 건 당연하다.

"아참, 저기!"

반면에 이야기가 끝나자마자, 등 돌리고 자기 갈 길 바쁜 사람이라면 어떤가? 어느 한쪽이 헤어졌다가 아차 싶어 생각난 걸 말해주려고 다시 뒤돌아봤는데, 어느 순간 상대방이 눈앞에서 사라졌다면?

물론 다음에 다시 만나서 대화할 수도 있고, 부족한 이야기는 문자메시지로 주고받을 수도 있다. 하지만 헤어지는 그 순간에 조금만 더 기다렸더라면 어땠을까? 기다려주는 사람에게 다가가서 마저 이야기를 하고 돌아서는 기분이란?

이렇듯 대화의 예의는 아주 작은 부분, 우리가 소홀히 할 수 있는 부분에서 더욱 큰 힘을 발휘한다.

14.
귀로 말하고
입으로 듣기

오프라 윈프리의 귀는 상대의 이야기를 들을 때 '탐색'의 귀가 되고, 자기 이야기를 할 때는 이야기에 집중해달라는 '수신호'의 귀가 된다.

그녀의 손동작은 눈앞에 보이는 사람들의 시선을, 귀는 자신의 뒤와 옆에 안 보이는 사람들의 동작이나 행동을 살펴본다. 사람들과 이야기를 나누면서도 전체 분위기를 살펴보며 모든 사람들을 하나의 이야기에 집중시켜주는 장치로 사용한다.

오프라 윈프리의 '귀'는 대단하다. 그녀의 귀는 청중의 반응을 듣는 '귀'인 동시에, 자기가 하는 얘기가 사람들에게 어떻게 들릴지 하나하나 점검하는 '귀'이기도 하다.

스튜디오에서 방송 녹화가 진행되는 상황에서 카메라가 비출 때, 그녀의 모습을 보자. 출연자들의 이야기가 진행되는 동안 팔짱을 끼고 듣거나, 이따금 얼굴에 손을 대고 볼을 만지기도 하고, 누군가의 이야기엔 생각을 심오하게 하는 표정을 지어준다.

이런 모습들은 다른 출연자들이 정자세로 바로 앉아 있는 것과 다르게 그녀만큼은 여러 자세를 만들며, 카메라 앵글을 자신에게 집중시켜주는 효과를 얻는다. 방송 프로그램의 스토리 흐름을 놓치지 않으면서도 카메라가 원하는 다양한 화면을 만들어준다는 것으로도 생각할 수 있다.

눈에 띄는 부분은 출연자들의 이야기를 듣던 그녀가 자기가 이야기할 틈이 나오면 먼저 동작을 크게 만들곤 하는데, 손을 크게 움직이기도 하고 앉았던 자리에서 일어나거나 자리를 들썩이며 이야기를 시작한다는 점이다.

사람의 귀는 두 가지 용도로 사용된다. 남의 이야기가 들리는 귀가 되고, 내 이야기를 듣는 귀도 된다. 언뜻 같은 이야기 아닌가 하겠지만 다르다. 남의 이야기가 들리는 귀는 신경을 곤두세우고 옳고 그름과 사실 여부를 판단하는 귀로 변한다. 반면에 내 이야기를 듣는 귀는 상대방이 내 이야기를 듣고 어떤 대답을 할지 상대방을 평가하는 귀가 된다.

말하는 사람은 상대방에게 자기 이야기를 전해주기 위해 최선을 다한다. 눈빛을 맞추고 시선을 떼지 않으며, 손동작을 동원해서 상대방의 시선을 붙잡아두려고 노력한다. 목소리는 상대방의 귀에 제대로 전달되어야 한다는 목적으로, 최대한 정확하게 또렷한 발음을 구사한다. 이야기할 때마다 확인하기도 한다.

"내 말 듣고 있지."

"무슨 말인지 알지?"

"내 말 이해하겠어?"

"어딜 보는 거야, 나를 보라니까."

이런 말을 하는 사람의 맞은편에 앉은 사람의 귀는 이때 바쁘게 움직인다. 말소리를 듣는 것은 물론이고 그 사람의 눈빛, 시선, 손동작, 발동작, 자세까지 모든 걸 보며 말을 이해하려고 노력한다. 내 귀에 들리는 이야기는 귀뿐만 아니라 내 온몸에 전해진다.

이야기를 듣는 사람은 또 다른 귀를 가졌다.

"무슨 말이야, 다시 말해줘."

"그래서 어떻게 됐어?"

"진짜? 사실이야?"

"네 말, 믿어도 돼?"

이번엔 이 말을 하는 사람의 귀가 바쁘게 움직인다. 이야기를 듣는 사람이 제대로 이해하고 있는 건지 그 사람의 대답을 듣는다. 손동작, 몸자세, 시선을 보면서 자신의 이야기가 제대로 전달되는지 주의 깊게 쳐다보며 이야기한다. 이야기하는 사람의 귀는 상대방의 반응을 듣는다.

'귀'에 대해 이해했는가?

그럼, 다시 오프라 윈프리의 귀를 보도록 하자. 이 스타의 '귀'는 또 아름답다. 대화의 순간 더욱 빛난다.

먼저 그녀는 자기 이야기를 할 때는 손동작을 많이 쓰며 시선을 모으려는, 집중시키려는 의도를 나타낸다. 그러다가도 다른 사람의 이야기를 들을 때는 미소를 띤 얼굴로 듣기만 하거나, 어느 한 지점을 응시하며 골몰히 생각하는 모습을 보여준다.

상대방이 이야기하는 도중에 재미있는 '단서'를 하나 찾아내면 그 즉시 미소를 지으며 주위 사람들을 둘러보며, "맞아요, ○○○씨 이야기처럼요. 그래서 □□□인 거예요."라는 식으로 재미를 증폭시켜준다.

모든 사람들이 ○○○의 이야기에 집중하는 도중에 그 재미를 더욱 증폭시켜주는 기술력이다. 그래서 말하던 사람도 웃음을 터뜨리게 되고, 주위 사람들도 더 큰 재미를 얻게 된다.

하나의 이야기가 그녀의 귀를 통해서 입으로 나오면 또 다른 재미를 지닌 여러 의미의 단어가 된다.

: 이야기 존중, "당신의 말을 믿습니다." :

상대방과 대화할 때는 말을 많이 하는 대신 한마디의 대답을 하더라도 상대방을 진심으로 믿어주고 배려해주는 태도가 중요하다. 상대방이 말하는 미래 계획에 대해서도 '넌 할 수 있을 거야'라는 자기 확신을 갖도록 해주는 태도가 중요하다.

자신의 이야기를 하는 사람은 당신에게 '확신'을 듣고 싶어 한다. 자기가 해낼 수 있다는 걸 믿어주고, 다시 한 번 더 확신을 갖게 해달라는 무언의 요구를 한다. 이럴 때 당신이 할 일은 고개를 끄덕이며 진지한 눈빛으로 그를 응시해주는 것이다. 너무 많은 말도 필요 없다. 오로지 할 수 있다는 믿음만 표시하면 된다.

오프라 윈프리는 말한다.

"나의 삶을 한 장씩 벗겨낼 때 분명히 깨닫는 게 있었습니다. 내가 겪는 고통이나 어려운 모든 일들은 나 자신보다 중요한 게 아니었습니다. 이제야 완전히 알게 되었습니다. 나를 짓누르던 고통들은 괜한 걱정에서 시작했다는 것입니다. 사람들에게 내가 어떻게 비춰질까 하는 걱정이었습니다."

당신이 누군가와 이야기한다는 건 경험을 공유하거나, 어떤 사건에 대한 의견을 주고받는 게 전부가 아니다. 특정 주제에 대해 이야기한다는 건 토론회일 따름이고, 한 사람의 이야기를 듣기만 한다는 건 세미나장에서 발표회에 참석할 뿐이다.

그래서 정보의 공유를 넘어 감정의 소통까지 하려면 서로의 믿음으로 마음을 주고받는 단계까지 이르러야 한다. 마음의 전달이 없고, 상대방에 대한 믿음이 없다면 대화는 이뤄지지 않는다.

생각해보자. 대화하는 사람들은 상대방의 입술이 어떻게 생겼고, 혀가 어떤 식으로 움직이는지에 대해서는 관심이 없다. 분명히 말을 하는 건 사람의 혀와 입술인데, 왜 사람들은 상대방의 입술과 혀 움직임을 보려고 들지 않을까?

'말들'이란 마음속에서 나오고, 그 사람의 생각을 전달한다는 걸 알기 때문이다. 여기서 '말'이란 그 사람의 마음이면서 생각이기도 하다. 말을 들으면서 마음의 생김새를 보게 되고, 생각의 크기와 색깔을 보게 된다는 뜻이다. 말 하나에 담긴 그 사람의 속 정보가 드러나는 셈이다.

그래서 사람의 귀는 상대방의 입술과 혀가 부딪혀 나는 소리를 듣는 게 아니라 마음이 전하는 소리, 생각이 나타내는 소리를 듣는다. 입으로 말하고 귀로 듣는 기계적인 대화가 아니라, 입과 귀를 이용해서 서로의 마음을 듣는 대화라는 의미다.

대화를 할 때도 서로가 주고받는 대상이 다르다. 이야기를 말하는 사람은 눈빛과 동작을 통해서도 자기 본마음을 상대방에게 전달해주려고 노력하고, 이야기를 듣는 사람은 상대방의 입술에서 나오는 목소리뿐만 아니라 그 사람의 손짓, 동작, 눈빛, 얼굴 표정 등을 전체적으로 보면서 이야기를 듣는다.

사람만 대화를 하는 것이 아니다. 꿀벌도 대화를 한다. 어떤 꽃에 꿀이 많고 어느 방향으로 날아가야 꿀이 풍부한 꽃 군락이 나오는지 등등. 만약 한 정찰벌이 꿀이 풍부한 곳을 발견하고 벌통으로 돌아왔다면 잠시 후, 그 벌통에 있던 다른 벌들이 일제히 나와 그곳으로 이동하기 시작한다. 꿀벌들 사이에도 대화가 이루어진 것이다.

꿀벌들은 춤으로 대화를 한다. 먹이가 10미터 이내에 있으면 빙글빙글 도는 춤을 추고, 100미터 이상 떨어져 있으면 8자 춤을 춘다. 이때 춤의 강도나 춤출 때 나는 향기, 날갯짓 등으로 다른 꿀벌들이 정찰벌의 정보를 해석해낸다. 꿀벌들의 대화는 그리 특별하지 않다. 그냥 사실을 그대로 말하고 받아들인다. 빙글빙글 돌아 춤을 추는 건, 오직 먹이의 위치가 어디인지 그 사실만을 알려 줄 뿐이다. 다른 의도도 없고 쓸데없는 사족도 없다. 그들은 달콤한 꿀을 향해 같이 날아가고 그 맛을 교감하며 행복감에 젖는다.

우리는 하루에 몇 시간이나 대화를 할까? 그리고 그중에 얼마나 내 진심을 담은 대화를 할까?

하루를 마감한 시간, 한번 곰곰이 따져보기를 바란다. 오늘은 누구와 어떤 이야기를 했고, 그중에 내가 한 말 중 몇 퍼센트 정도가 진실이었고 몇 퍼센트는 거짓이었나?

대화를 나누다보면 나에 대해 부풀리기도 하고 상대방을 폄하하기도 한다. 당신이 오늘 누군가로부터 들은 이야기는 100% 모두 진실일까?

내가 먼저 마음을 열고 진심으로 다가가면 대화에서 성공하는 길이 열린다. 화려한 테크닉도 말발도 화술도 필요 없다. 진심으로 이야기하고 진심으로 대하면 어떤 사람의 마음도 열 수 있다. 꿀벌들의 대화처럼 상대방이 원하는 것을 이야기해주고, 서로의 관심사에 대해 교감하는 것 말이다. 가장 근본적인 걸 나누고 진실을 교감하는 것이 진정한 대화가 아닐까?

꾸밈이 많고 현혹하는 말이 아니라 진심과 지식, 경험이 함께 어우러져 상대의 마음을 움직일 수 있는 말, 그것은 얼마나 위대한 대화의 고지인가.

15.
동작으로
이야기에 재미 주기

　오프라 윈프리는 사연을 읽을 때는 사연의 내용에 따라 손동작을 크게 움직여준다.

　그 이유는 시청자들은 진행자가 사연을 읽으며 시선을 아래로 만든 탓에, 진행자의 눈을 볼 수가 없기 때문이다. 그녀는 시청자의 시선을 화면에 집중시키기 위해 손동작을 크게 만들며, 그 짧은 순간에도 화면에서 변화를 만들어준다.

　말하자면 오프라 윈프리는 TV 화면에서 자신의 모습을 만들 때, '확장 강조' 스타일을 구사한다. 그러면서 시청자들의 시선을 자신에게 집중시키고 어떤 방송에서든지 그녀가 많이 드러나도록 한다. 우리가 그녀를 대화의 여왕이자, 최고의 진행자, 천재 방송인이라고 부르게 된 이유 중 하나다.

　이번엔 '어떻게 대화를 이끌어가야 할까'에 대해 알아두자. TV를 예로 보자.

　카메라가 전체 화면을 잡을 경우엔 상대적으로 작게 보이는 자기 모습을 강조하기 위해서 동작을 크게 해야 한다. 손동작을 크게 하고 몸을 움직이며, 카메라 안에서 자기 모습을 드러내야 한다. 그래야만 카메라가 줌업Zoom Up, 단독 샷이 들어오며 자기에게 집중된다. 카메라가 자신을 비춰줄 때는 카메라와 정면으로 몸을 향하게 앉아서 정면 모습이 나오도록 하는 것도 필요하다.

카메라가 오프라 윈프리를 비출 때의 모습을 보자. 다른 출연자들은 앞에 앉은 방청객들을 향한 방향으로 정자세에 나란히 앉기 때문에 카메라에 주로 옆모습이 비춰진다. 하지만 그녀는 팔을 의자 팔걸이에 얹어두는 자세로 앉으면서 카메라를 정면으로 바라보고 앉는다. 카메라에 그녀가 나올 때면 정면 모습이 비춰지는 이유다.

오프라 윈프리는 상대방 이야기에 추임새를 넣어주며 자신을 드러내는 모습도 보인다. 그녀가 손동작을 보일 때는 프로그램에서 대화를 건네면서 상대방이 누구인지 손을 펴서 상대를 가리키며 이야기하는 경우다. 그녀가 상대방을 지칭해주던 손동작은 그 사람이 이야기를 시작하면서 바로 멈춘다. 그 위치는 자신의 얼굴 아래와 허리 주위에서 짧게 움직였다가 바로 끝낸다. 두 손은 다리 위에 가지런히 올려놓고, 자세는 그대로 유지하면서 말이다.

손동작을 쓰지 않을 때도 있다. 오프라 윈프리가 이야기를 건네는 사람을 지칭하는 방법으로, 그 사람을 향해 허리를 살짝 굽히며 말을 건네는 동작을 보인다. 이 모습은 손동작보다는 자주 사용하지 않는다. 그녀의 프로그램 진행 방식은 여러 방송에서 크게 다르지 않다는 걸 볼 수 있다. 예를 들어 초대 손님들이 나올 경우, 항상 자신의 바로 옆 자리에서 시작해서 한 명씩 이야기를 차례로 시키고 빠짐없이 대화를 주고받게 한다는 점이다.

특히 오프라 윈프리는 상대방에게 질문을 던진 후에는 자세를 고쳐 앉는 버릇이 있다. 이때 그녀가 돋보이는 부분은 상대방의 재미있는 이야기에 박수를 쳐주며 그 이야기가 재미없을지라도 허리를 앞으로 숙여가며 환하게 웃어줄 때다. 프로그램을 진행하는 사람이면서 방청객의 역할을 충실히 하는 자세이기도 하다.

오프라 윈프리의 방송을 유심히 보자. 출연자에게 대화를 건네고 이야기를 듣던 그녀가 어느 순간 다른 출연자나 패널에게 질문을 던지기도 하고, 갑자기 자기가 먼저 웃음을 터뜨리며 출연자들이 '왜 웃지?'라고 시선을 집중하게 되면 특정인을 가리키며 "○○○씨는 지금 ○○○하시네요?"라며 카메라가 그 사람을 비춰주도록 유도해준다.

이 모습은 프로그램에서 시청자들에게 카메라 밖에 있는 재미를 알려주는 방법이기도 하다. 다른 의미에서는 오프라 윈프리가 방송에서 이야기할 때 시청자까지 배려하며 프로그램 전체에 골고루 담긴 재미를 찾아서 보여주는 것, '시청자들에게 대화의 재미를 들려주는 것'이라고도 하겠다.

: 태도에 주의, "눈빛만 나누어도 충분해요." :

여러분이 어딘가를 찾아가야 하는데, 목적지 근처에서 도무지 건물을 찾지 못하고 헤매고 있다고 가정해보자. 낯선 동네의 낯선 거리에는 낯선 사람들이 지나가고 있다. 그중 어느 한 사람을 골라 "○○ 빌딩이 어디에요?" 하고 물어보는 정도는 아무리 소심한 사람이라도 한 번은 시도해본 적이 있을 것이다.

그런 때에 여러분은 어떤 사람에게 길을 묻게 되나?

그러니까, 그 많은 낯선 사람 중 어떤 특정한 사람을 선택하는 것의 이면에는 어떤 기준이 깔려 있다는 것이다. 보통의 경우라면 왠지 이 근처에서 사는 것 같은 사람을 점찍는다. 무슨 신 내림을 받은 점쟁이도 아니건만 우연히도 그렇게 점찍은 사람이 그 장소를 알고 있는 경우가 많다. 또는 인상이 좋아 보이는 사람으로 선택한다. 이왕이면 물어봤을 때, 기분 좋게 대답해줄 것 같은 사람이 나을 테니까. 결국 눈빛이나 태도가 오픈되어 있는 사람을 선택하게 된다는 얘기다.

특히 그런 면에서 우리는 오프라 윈프리에게서 대화의 태도를 배워야 한다. 대화의 태도는 소통의 일부분이다. 대화라는 건 상대방과 내가 주고받는 생각의 교류다. 그래서 대화의 시작은 이야기를 듣는 태도에서 시작된다. 이야기를 주고받는 시간 동안 서로의 태도는 상대방에게 신뢰를 주기도 하고, 신뢰를 깨트리기도 한다. 상대의 이야기에 관심을 보이는 태도를 알아두면 대화가 더욱 깊어지고 즐거워진다.

112 오프라 윈프리의 대화법

대화의 태도에서 가장 중요한 건 '시선 맞추기'다. 이야기하는 사람의 눈을 쳐다볼 때는 부드러운 표정으로, 당신의 이야기를 다 포용하겠다는 마음을 나타내듯 쳐다봐야 한다. 상대의 표정이 어두우면 같이 걱정하면 눈빛으로, 상대가 즐거우면 같이 즐거운 일에 참여하는 눈빛으로 쳐다본다.

사람들은 자기 이야기를 하기 전에 대부분 눈빛에 먼저 나타난다. 그래서 상대의 눈빛을 보고 맞춰주는 태도가 중요하다.

대화하는 사람들의 눈빛이 맞춰졌다면 그다음엔 신경 써야 할 문제도 거의 없다. 상대의 눈빛에 맞춰 움직여주면 될 일이다. 가령, 눈가에 두려워하는 기색을 나타내며 이야기를 꺼내야 할지 말지 망설이는 사람이라면 어떤 태도를 보여줘야 할까?

다짜고짜 큰 소리로 "빨리 말해! 두려워하지 마! 뭐가 두려워?" 식으로 해야 할까? 아니면, "걱정이 커서 그래? 우선 마음을 편안히 해보자. 여기 나한테 이야기해봐. 이야기를 들어보면 뭔가 해결책이 나올 거야."라고 할까?

이처럼 대화의 태도를 결정짓는 가장 큰 요소는 눈빛이라고 말할 수 있다. 대화의 태도가 그 사람에게 이야기를 시작하도록 만든다.

오프라 윈프리는 대화하면서 상대의 이야기를 듣고 메모한다.

상대의 이야기 중에서 중요한 주제어를 듣고, 나중에 사람들과 그 주제에 대해 토론을 하겠다는 목적일 경우다. 그래서 사람들은 그녀가 메모하는 걸 보면 그들도 역시 이야기하는 사람에게 집중하게 된다. 나중에 다시 이야기할 주제가 있다는 걸 알아서다. 그들도 주제 토론에 참여하려면 이야기 내용을 알아둬야 하기 때문이다.

이처럼 이야기를 들으며 메모하는 습관은 대화에 집중하게 해주는 데 효과가 있다. 게다가 특정한 내용에 대해 토론할 때도 주제를 빨리 이해할 수 있게 해준다. 이야기하는 사람 입장에서도 기분 좋은 모습이다. 상대가 내 이야기를 빠트리지 않고 잘 듣고 기억하겠구나, 안심하게 되니 말이다.

메모는 단순한 기억의 보조장치가 아니다. 메모는 '생각의 반응로'이자 '창의성의 원천'이다. 칸트, 니체, 정약용, 잡스 등 인류의 위대한 리더들은 모두 메모광이었다.

비행기 1등석 담당 스튜어디스로 근무했던 미즈키 아키코는 1등석 승객들의 공통점을 발견했다. 그것은 바로 '펜을 빌리지 않는다는 것'이다. 일반석에서는 최소 열 명 이상이 펜을 빌린다. 일반석에서 나올 때는 준비한 펜을 다 소비해 버린다. 때로는 준비한 것보다 더 많은 펜을 갖고 나오기도 한다.

하지만 그녀가 16년 동안 1등석에서 근무하며 단 한 번도 펜을 빌려준 적이 없다. 그들은 항상 '기록할 준비'가 되어 있었다. 펜과 메모지를 항상 소지하고 다니며 기록하는 습관을 갖고 있었다.

미즈키 아키코는 이러한 경험을 바탕으로 《퍼스트 클래스 승객은 펜을 빌리지 않는다》라는 책을 출간했다. 그리고는 1등석 승객들의 습관을 자신의 것으로 만들었다. 메모할 준비를 하고 머릿속에 떠오른 아이디어를 바로 메모했다. 이러한 행동들이 모여 일본에서 연간 180회 이상 강연과 연수를 진행하는 인기 강사가 되었다.

마음의 소리를 전달하는 대화의 기술은 입으로 말하고 귀로 듣는 것 외에도 메모를 통해서도 가능하다. 마주 앉아 대화하고, 서로 바라보고 이야기하는 것만이 대화의 전부는 아니다. 전하고자 하는 마음을 담은 글을 적어 메모를 전달해도 좋다. 때로는 짧은 메모 한 장이 상대방의 마음을 움직인다.

대화의 기술에서 목소리 외에 메모가 효력을 발휘하는 부분이다. 그 사람이 잘 볼 수 있는 곳에 메모를 적어 붙여 두도록 한다. 문자 메시지나 SMS 스마트폰 서비스를 말하는 것이 아니다. 대화하는 그 상대방이 움직이는 곳, 생활하는 곳에 메모를 남겨 두고 마음을 담아 메시지를 전달해도 좋다.

냉장고 문에도 좋고, 책상 위도 좋다. 컴퓨터 모니터에 작은 메모를 붙여도 되고, 상대방이 타고 다니는 자동차 계기판이나 운전대, 그 사람이 사용하는 커피 잔에 붙여 두는 것도 좋다. 마음을 전하는 공간은 중요하지 않다. 그 사람의 생활 속에서 마음을 전한다는 진실함만 갖추면 된다.

: 겸손한 자세, "너무 과찬이십니다." :

대화를 나누면서 겸손한 자세는 상대의 이야기를 메모하는 모습도 해당된다. 상대의 이야기를 빠트리지 않고 기억하겠다는 의미이기도 하다. 이야기하는 상대는 메모하는 사람의 모습을 보고 기분 나빠할 리 없다. 자기 이야기를 잘 듣고 있다는 증거인 동시에 기억하겠다는 의미이기도 해서다. 다만 너무 자신을 비하하면 상대방에게 부담을 주는 것이 되므로 유의하도록 한다.

그런데 대화를 나눌 때 겸손한 자세표정를 보인다는 것을 오해하지 않도록 하자. 일반적으로 '칭찬메시지'을 듣는 경우다. 가령, 남자와 여자가 대화 상대에게 이런 칭찬을 했다고 하자.

"어머, 잘 생기셨어요!"

"예쁘십니다."

이야기를 듣는 우리는 어떤 대답을 하는가?

"아니에요."

잘생기고 예쁘다는 데 '아니'라니? 이건 무슨 의미인가? 나를 칭찬해주는 상대의 평가를 틀렸다고 반박하는 건가? 예쁘고 잘생겼다는 데 따지는가?

이해하기 어렵다. 이건 사람들의 마음에 자리 잡은 겸양의 표현이다. 일단 자신을 칭찬할 때는 그렇지 않다고 부정하고 자신을 낮춰야 제대로 예의를 갖춘 '겸손한 사람'이라는, 이해하기 어려운 그런 공동체(?)에 소속되어서일까? 칭찬해도 부정하는 사람들에겐 칭찬도 함부로 할 수가 없는 것 아닐까?

그런데 더 이상한 건, 칭찬하는 데 아니라고 부정하는 대답을 듣는 우리도 별반 다를 바 없다. '아니라고' 하는 사람을 당연하게 받아들인다. 그러면서 다시 또 칭찬을 한다.

"으응? 진짜로 잘 생기셨어요!"

"아니라니요? 정말 예쁘십니다."

이야기를 듣는 우리는 이번엔 어떤 대답을 하는가?

"과찬이세요."

아하! 이제야 알겠다. 우리는 한 번 칭찬에는 익숙하지 않고 두 번 칭찬을 받아야 익숙하다는 거다. 겸손의 표현인 줄 알았더니 그게 아니라 '자부심이 높은' 거 아니었던가? 여기서 대강 정리되면 그것도 이해한다. 하지만 우리들은 한 번 더 한다.

사례를 보자. 남자와 여자가 대화 상대에게 계속 칭찬을 한다.

"과찬이라니요, 잘 생기셨어요!"

"과찬이라니요, 예쁘십니다."

이야기를 듣는 우리는 이번엔 또 대답을 하는가?

"듣는 사람 무안하게 별말씀을 다하시네요. 들어오세요."

아하! 이제 보니 그건 인사였다는 걸 깨닫는 순간이다. 어느 집에 초대 받았을 경우나, 처음 만나는 자리에서 인사를 나눌 때 등등, 우리들은 인 사를 나누면서 '칭찬'으로 대화를 시작하는 경우가 많고, 그중에서도 '외 모'를 칭찬하는 경우다.

여기서 '칭찬'이라는 대화 메시지와 '겸손'이라는 대화의 표정이 만나게 되는데, 이야기의 흐름을 보면 이거 어쩐지 겸손이 맞는 건지, 칭찬이 맞 는 건지 알쏭달쏭할 경우가 된다.

일상생활에서 한두 번쯤은 들어봤음직한 이 사례는 대화에서 겪는 칭 찬과 겸손의 충돌을 설명해준다. 무조건적인 칭찬은 때로 과할 수 있고, 지나친 겸손은 사람이 '자존심조차 없어' 보일 수도 있다. 그 적정선을 유지하는 게 중요하다는 의미다.

"그럼 뭐라고 대답해야 되나요?"

대답을 찾기가 힘들 때는 가장 쉬운 게 그냥 인정하는 거다. 남자와 여 자가 당신에게 이런 칭찬을 했다고 하자.

"잘생기셨어요!"

"예쁘십니다."

그러면 당신은 이렇게 대답하자.

"네. 감사합니다."

상황 정리, 만사오케이다. 예쁘고 잘생겨서 고맙다고 했는데 지지부진한 대화가 더 이어질 필요도 없다. 상대의 칭찬에는 고개를 숙이며 감사의 자세를 보이기만 해주면 된다.

17.
칭찬이라는
예의를 갖추며 대화하기

오프라 윈프리는 대화의 자리에서 격식에 맞는 옷을 입는다.

이야기를 할 상대에게 맞추고, 다룰 내용에 따라 색상을 정하기도 한다. 슬픈 이야기를 할 건데 밝은 톤의 의상을 입을 수는 없다. 축제 이야기를 할 건데 검정 정장을 입을 수는 없다.

TV에 예쁘게 보이기 위한 의상 스타일도 아니다. 그녀는 대화를 나누는 사람들의 입장에서 그들이 거부감을 갖지 않도록, 부담스러워하지 않을 정도의 스타일을 신중히 선택한다. 그리고 이야기를 나눌 때는 상대를 존중하고, 배려하며, 최대한 예의를 갖춘 표정으로 메시지에 대해 이야기한다.

대화를 나누며 격식에 맞는 옷을 입는 게 예의라면 이야기를 들으며 상대방에 대해 칭찬을 건네는 것도 예의다. '대화'란 마주 보고 나누는 이야기를 가리킨다. 그래서 '대화'에서 중요한 것 두 가지가 '마주 바라본다'는 것과 '이야기'다.

여기에는 '표정'과 '메시지'가 담겨 있다. 좋은 메시지에는 좋은 표정, 나쁜 메시지에는 나쁜 표정에 해당되겠고, 겉으로 드러나는 표정이 아니더라도 좋거나 나쁜 메시지를 듣고 난 후 생기는 마음의 표정을 생각할 수도 있겠다.

하지만 뭐 그런 경우도 있지 않은가? 기분은 나쁘지만 겉으로는 억지로 웃는 표정을 지어야 할 때, 기분은 좋지만 겉으로 표현할 수 없는 상황에서는 어떨까? 역시 표정과 메시지가 중요하다.

"칭찬은 좋은 메시지이니까 좋은 표정을 짓게 만드는 거죠?"

맞다. 하지만 '이래도 좋고 저래도 좋고 다 좋다'며 무분별한 칭찬 폭격을 해도 좋다는 의미는 아니다. 마주 본다는 건 상대의 표정을 배려하며 예의와 격식을 갖춰 대화하라는 뜻이 아닌가? 그리고 이야기를 해도 되는 것과 해서는 안 되는 것으로 구분할 때, 마주 보는 사람들 사이에서 해도 되는 이야기가 있다면 지나치게 과해서는 안 되는 것이 있다. 그게 바로 칭찬이다.

그러므로 칭찬이라고 해서 제때에 적절하게 사용되어야만 그 효과가 제대로 발휘되는 것이지, 아무 때나 칭찬한다고 해서 효과를 기대하긴 어렵다는 얘기다.

그래도 '칭찬'의 장점은 상대에게 좋은 표정을 짓게 해준다는 점이다. 물론 칭찬을 너무 늘어놓다보면 독이 되는 경우가 생긴다. 첫 칭찬은 약이지만 반복되는 칭찬은 독이다.

그래서 많이 할수록 좋을 것만 같은 칭찬도 너무 많이 하면 안 되는 상황이 벌어진다. 마주 보고 앉았던 사이가 등 돌려 앉게 되는 사이로 바뀌는 이유다. 마주 보기에서 흔히 일어날 수 있는 실수 가운데 '칭찬의 역효과'를 먼저 알아두는 게 중요하겠다.

그리고 '칭찬'은 마주 보고 하기보다는 당사자가 없을 때 꺼내는 게 더 유익하다. 만날 때마다 칭찬을 입에 달고 사는 사람들 때문이다. A를 만나도 칭찬, B를 만나도 칭찬, C를 만나도 칭찬이다. A랑 B를 같이 만나는 자리에서 A와 B를 동시에 칭찬하기도 한다. 하지만 칭찬이 많을수록, 그 칭찬의 격이 떨어진다는 게 문제다.

'칭찬'은 상대방과 나를 연결시켜주는 대화 중에서도 특히 '관계'를 돈독하게 해주는 품질 좋은 윤활유다. 그렇더라도 칭찬이 너무 반복되거나, 당사자가 준비하지 못한 순간, 즉 원하지 않은 순간에 나오는 칭찬이라면 독이 된다. '독'이라서 사람과 사람 사이에 녹이 슬게 된다. 처음엔 삐걱거리기 시작하고 곧이어 멈춰서거나 부러지게 된다.

그래서 '칭찬'이 무조건 좋은 것만은 아니다. 중요한 건 칭찬의 시점과 횟수다. 그 안에 진정이 담겨야 하는 건 물론이다. 다른 사람에 대한 칭찬을 열등감에서 자기 방어차원에서 해서는 안 된다. 칭찬을 할 때도 칭찬 대상과 내용, 예의와 격식을 고려해서 상대방과 주위 모든 사람들이 기쁘고 행복할 수 있도록 하는 게 옳다.

한 사람을 변화시키는 것은 듣기 싫은 비난이 아니라, 마음을 뜨끔하게 하는 칭찬이다. 만약 상대방의 콤플렉스가 눈에 보인다면, 그 콤플렉스를 거꾸로 칭찬해보자.

눈이 작은 사람에게 "속눈썹이 참 예쁘세요."라고 말한다던가, 키가 작은 사람에게는 "어깨가 넓어서 남자다워 보이세요."라든지 말이다. 상대방의 콤플렉스를 덮어줄 만한 요소를 발견해주는 것이 성공하는 대화의 지름길이다.

: 배려의 자세, "당신에게 잘해주고 싶어요." :

어느 백화점의 판매왕에게 세일즈의 비결을 물었더니, "잘 어울린다."는 말을 거의 입에 달고 살다시피 한다고 했다. 입장을 바꾸어 생각해보면 답은 의외로 간단하게 나온다. 내가 진심어린 칭찬으로 기분이 좋아지듯 백화점 직원에게 내가 먼저 진심으로 칭찬의 인사를 건네주는 것이다. 점원이 손님을 칭찬하면 옷을 팔 수 있지만, 손님이 점원을 칭찬하면 옷을 싸게 살 수 있다. 한번 시험해보시라.

아무튼 칭찬은 삶을 부드럽게 하는 윤활유 역할을 한다. 대화 중에 자기가 뛰기 위해서, 주목받기 위해서 남을 헐뜯고 약 올리는 모습을 많이 보였다면, 이제라도 멈추고 사람들이 원하지 않는 것, 사람들이 즐거워할 수 있는 것에 대해 이야기하는 게 중요하다는 걸 알아두자.

남에게 들은 이야기를 다른 이에게 전달하는 게 반드시 필요한 게 아니다. 비밀을 지켜달라며 이야기를 해준 사람도 당신이 누군가에게 또 이야기를 전달하는 걸 알게 되면 별로 좋아하지 않는다. 그래서 대화에서는 반드시 현재 상황, 그곳에 모인 사람들 사이에서 벌어지는 일들을 위주로 이야기 나누는 게 중요하다. 대화를 잘하는 사람들의 모습에서 공통되게 발견하는 모습들이다.

이런 공통점은 대화하는 사람들 모두를 이야기 속으로 불러들여 다양한 화제를 끄집어냄으로써, 그 안에서 다양한 재미를 만드는 능력이기도 하다. 대화를 나누는 개개인의 장기와 특징, 재미있는 화제에 대한 의견을 물어, 모든 사람들을 골고루 대화에 참여시키는 방법이기도 하다.

오프라 윈프리는 '말'이 화살표라도 되는 듯 서로 주고받는 그 순간화살과 과녁판을 교묘하게 연결하는 재주가 남다르다. 어느 순간 상대방이 그녀에게 던진 '말 화살표'를 발견했는데, 자신에게 어울리는 말자기가 대답해서 방송이 더 재밌어지는 말이 아니라면, 오프라 윈프리는 그 화살의 끝을 살짝 구부려서 다른 데로 향하게 한다. 화제를 돌려 자신에게 집중된 관심을 다른 사람에게 돌려 그 사람을 더욱 빛나게 하는 것이다.

그런데도 누군가 다른 사람에게 들었다며 어떤 이야기를 하려고 한다면? 가령, "예전에 ○○○가 그런 말을 했던 적이 있어요."라고 한다면 이

때는 "○○○는 다르게 생각하실 수도 있지 않을까?"라고 화제를 바꿔주는 게 좋다. 그러면서 대화 상대방, 현장에 있는 사람에게 집중하도록 한다.

그들의 이야기를 나누며 그 사람이 자기의 모든 이야기를 다할 수 있도록 분위기를 편안하게 만들어준다. 그래서 자기 말을 너무 많이 하지 않고 사람들에게 질문을 많이 하는 게 좋다. 질문할 때는 상대방이 말하기 꺼리는 힘든 질문을 하는 게 아니다. 그 사람이 말하고 싶어 하는 내용을 골라서 질문하는 건 물론이다.

미국에 '브라이언 간호사의 원칙'이라는 것이 있다. 브라이언이라는 간호사는 환자를 치료할 때, '과연 이 방법이 환자를 위해서 할 수 있는 최선인가?'라는 생각을 먼저 한다고 한다. 그 치료를 해야 하는 간호사로서가 아니라 하나의 생명을 책임지는 사람으로서 진심으로 상대를 배려해주는 것이다.

이 원칙을 우리들의 대화에 적용해보면 어떨까? 상대방을 배려하고 그 사람의 입장에서 생각하려고 한다면 서로 대화가 단절될 염려가 없다. 상대방도 나와 똑같은 인간이라고 생각하고 객관적인 입장에서 생각해보면 인간관계에서 대화로 풀어내지 못할 문제는 없지 않을까?

18.
솔직하고 신중하게
대답하기

오프라 윈프리는 대화하다가도 자신에게 질문이 오면, 바로 대답하는 경우가 매우 드물다.

그 내용이 단순하고 유머러스해 가볍게 듣고 넘어갈 수준이라면 솔직하게 바로 대답한다. 하지만 때론 진지한 질문이고, 이야기하는 상대의 표정이 어둡거나, 목소리가 떨리거나, 금방이라도 눈물을 흘릴 것 같은 상황에서는 더욱 신중하다. 오프라 윈프리는 그럴 때마다 한 번에 바로 대답하지 않고 약간의 간격을 둔다. 신중히 생각하고 이야기한다는 표시이기도 하다. 신중한 대답을 필요로 하는 질문이라면 한 번에 대답하는 게 아니다.

낯선 사람을 설득시켜야 할 때, 말로는 위로가 되지 않는 상황일 때, 자신 없는 내용에 대한 질문이 들어 왔을 때 우리는 당황하게 되고 어디서부터 말문을 열어야 할지 고민을 하게 된다.

하지만 대화에서 가장 중요한 것은 솔직함이다. 상대가 이야기의 솔직함을 받아들이든 말든 그건 다른 문제다. 당신의 이야기를 의심한 누군가

검색을 하거나 질문을 올려 답을 찾는 건, 당신의 이야기가 솔직하다는 걸 알게 되는 시간일 뿐이다.

어떤 질문을 해도 '모른다'는 이야기를 절대 하지 않는 사람이 있다. 그들은 최대한 아는 범위 내에서 이야기하고 잘 모르는 것은 얼버무려 마무리 짓는다. 오히려, "나는 잘 모르겠는데, 우리 다음에 만날 때 알아 와서 다시 얘기하자."라고 솔직하게 이야기하는 것이 훨씬 인간적이다.

아는 척하는 사람들의 함정은 자신이 뱉은 말 때문에 곤욕을 치를 수 있다. 일단 과장되게 이야기를 부풀려 놓고 뒷수습이 되지 않으니 신뢰를 잃게 된다. 또 새로운 지식을 얻을 수 없다. 모른다고 이야기하면 얘기해주겠지만, 안다는 사람에게 굳이 정보를 다시 말할 이유가 없다.

거짓 이야기는 상대에게 '의심'을 갖게 하고, 심지어 진실인 이야기까지 의심하게 만들면서 대화 전체가 이뤄지지 않게 된다. 솔직한 이야기가 마음을 울리는 이유다. 인터넷을 통해 실시간으로 질문하고 답을 찾는 시대를 살아가는 사람들이다. 의심을 갖는 순간 검색을 떠올리고, 결과를 못 찾으면 질문을 올리는 사람들이다.

상대방에 대한 정보나 취향을 정확히 알지 못하는 상황이라면 괜스레 아는 척하거나 무게부터 잡고 본다면, 그 만남은 일회성으로 끝나게 된다. 일회성일지라도 좋은 인상을 남겨주지 못하니 다음을 기약할 확률도 그만큼 낮아지게 된다.

상대가 어떤 정보에 대해 함께 대화를 나누고자 했을 때, 기본적인 교양을 갖추고 있어야 적절한 대답이라도 해줄 수 있다. 이는 단순히 지적

수준을 두고 하는 말이 아니다. 세상에 대한 관심을 두고 하는 말이다. 이야기꾼들은 세상 돌아가는 일에 지나치다 싶을 정도로 관심이 많다.

남자들이라면 군대, 야구, 축구, 정치, 경제와 관련하여 기본적인 정보들을 습득하고 있다. 여자들은 자녀교육, 쇼핑정보, 다이어트 및 재테크 정보에 대해 깊은 관심을 갖고 있다.

지금까지 경청이라고 하면 '어떤 사람'만을 두고 생각하였지만, 또 다르게는 '어떤 정보', '자연의 변화'에도 귀를 기울이는 것도 포함시킬 수 있겠다. 이는 원활한 대화 능력을 키우기 위해서라도 반드시 필요한 일이기 때문이다.

관찰은 정보습득에 있어서 관심보다 적극적인 행위다. 관심은 정보를 취하려는 의지를 가지고 있지 않지만 관찰은 다르다. 정보취득이나 변화된 정보의 가치를 습득하기 위해 꾸준히 지켜본다는 의미가 짙게 깔려 있다. '어떤 정보'를 두고 하루에 3분씩 만 관찰한다면 어느새 화자의 중심이 되었을 때, 기죽지 않고 어떤 질문에도 대답하게 될 것이다.

어떠한 정보를 접하였을 때도 마찬가지다. 아무리 좋은 멘트나 대화 주제일지라도 대상과 상황에 맞아떨어져야, 대화에 응용한 정보가 보석처럼 빛을 발하게 된다. 그래서 관찰이라는 습관이 필요한 것이다. 꾸준한 관찰과 실전에 적용시키는 연습이야말로 자연스럽게 대화 내용 안에 녹아들도록 정보를 요리할 수 있게 된다.

: 험담, "정말 듣기 싫군요." :

칭찬과 험담이 대화의 주된 내용이 되면, 거기에서 진실이냐 거짓이냐는 중요하지 않다. Do or Don't으로만 구분 짓는다. 칭찬과 험담이라는 대화의 2분법을, 영화 스토리상에 선과 악이라는 2분법으로 비교해보자. 영화를 보더라도 선과 악이 존재하고 서로 맞서 싸워 나중에 선이 이기는, 그것도 힘겹게 악을 이기는 것과 같은 이유다.

선은 악과 맞서서 힘겹게 이긴다는 것에 익숙한 사람들이기에 '악'이 강하긴 하지만 언젠간 '선'에게 질 수밖에 없다는 걸, 은연중에 믿고 선이 이기길 기다리는 데 익숙해서 그렇다. 험담을 나누는 데 익숙하지만 언젠가는 칭찬을 하게 된다는 스토리적 흐름을 따르려는 의도가 있다고도 할 수 있다.

그래서 위로받기 위해 모인 사람들이 험담을 꺼내놓고 고민을 드러낸다. 고민이라는 악을 뱉었으니 이제부터 자기에게 치유가 되는 '선'을 달라고, 나 잘했다고 칭찬해달라는 치유의 결말을 기대한다. 선과 악을 놓고 보자면 고민이나 험담은 '악'이 될 텐데, 악을 풀어내고 칭찬이라는 선으로 무장하는 사람들이다.

우리나라는 직장인의 상사 만족도가 가장 낮은 국가라고 한다. 바꿔 말하면 직장상사에 대한 불만이 가장 높은 나라인 셈이다. 아마 여러분 모두 초공감할 것으로 생각한다. 한두 번, 아니 수십 번 상사에 대한 험담은 술자리의 좋은 안주거리가 되어 왔을 것이다.

강남일대 포장마차에 오는 손님 대부분이 상사에 대한 욕을 하며 술로 만신창이가 된다고 하니, 상사에 대한 스트레스는 개인적인 문제가 아니라 사회적 문제, 그리고 기업의 발전을 가로막는 유해 요인은 아닐까.

　술자리에서 도마에 오른 상사는 천하에 극악무도한 인간이 되어 버린다. 정말 우리나라 기업의 상사들은 그렇게 하나같이 한심하고 못된 인품을 갖고 있는 것인지?

　상사에 대한 험담을 해본 적이 있는 사람은 공감하겠지만, 한 번 비난이 오가다보면 그 자리에 모인 멤버들은 한 몸이 되어 하나의 목소리를 낸다. 누군가 사건의 정황을 이야기하면 그와 유사한 경험이 있는 사람의 이야기가 봇물 터지듯 터져 나오고, 그 모든 분노의 근원을 한 명의 상사로 매도하며 '뒷담화'는 절정에 달한다. 묘한 군중심리로 인해 누구 하나 상사를 두둔하는 이도 없다. 만장일치로 '나쁜 인간'이라는 결론이 지어진다. 아주 퍼펙트하게!

　밀가루 반죽이 치대면 치댈수록 더 쫄깃하고 맛있게 반죽되듯, 서로 맞장구치는 흐름 속에 상사에 대한 험담은 험담 그 자체로 놀이가 되는 것 같다. 술맛과 말의 맛을 좋게 만드는 최고급 안주인 셈이다.

　하지만 이런 경험이 있을 것이다. 누군가에 대한 불만이 있는 사람끼리 모여서 한 사람을 신나게 와삭와삭 씹은 후, 그런데 집으로 돌아가는 길이 왜 그렇게 허무하게 느껴지는 경험 말이다. 불쌍한 것은 우리에게 씹혀 너덜너덜 해진 그 대상이 아니라, 황폐해진 우리 마음이다.

　이런 험담을 할 수 밖에 없는 우리의 처지를 더 비관하게 되더라는 것이다. 누군가를 험담하는 시간 동안 모여 있던 사람들끼리 서로에 대한 이야기는 거의 하지 못했고 아무것도 해결된 것은 없었다. 차라리 의견을 모아 해결책을 궁리하고 더 이상 그런 험담이 오가지 않아도 될 만큼 혁신적인 조직을 만들어보자고 결의했다면 어땠을까?

19.
경험을 공유하는 대화하기

    오프라 윈프리는 자기보다 나이가 많은 사람들과 대화하면서도 어색해하거나 이야기를 잘 나누지 못하는 부자연스러움이 없다.

    친구끼리 하는 대화는 '수다'라고 부르고, 어린 사람과 나누는 대화는 '가르치다'는 말과 같다. 어른들과 대화를 해야만 '학습' 또는 '배우다'란 단어와 바꿔 쓸 수 있다.

    대화는 경험을 공유하는 방법이며, 마음을 전하는 수단이다. 그래서 나이가 많은 어른들과 대화를 해야만 자신이 나아갈 길이 보이고 해야 할 역할이 보인다. 인생의 여러 길에 대해 고민하고 방황했던 경험을 가졌던 사람들이기에 그렇다.

오프라 윈프리는 말한다.

"아버지와 함께 살게 되면서 내 삶은 완전히 변화되었습니다. 아버지버넌 윈프리가 나를 구해주었습니다."

경험의 공유, 마음을 전하는 수단이라는 차원에서 대화의 기술은 반드시 어른들과 대화하는 시간을 가져야 한다는 점이다. 그런데 한편으론, 세대 차이 때문에 대화하기 어렵다는 경우가 있다. 언어가 다르고 웃음 코드도 다른데, 어떻게 소통하고 대화가 가능한지 의문이라는 사람들이다.

그럴 때는 오프라 윈프리처럼 가끔씩 호통하게 웃어라. 웃음도 효과적인 대화의 기술이자, 소통을 잘하는 방법이다. '오버액션'을 할 필요는 없지만 상대방의 이야기에 크게 함박웃음을 지어주는 것만큼 상대방을 기쁘게 하는 일도 없다.

대부분의 경우에 사람들은 유머를 사용하고 싶어진다. 어른들도 마찬가지다. 이야기를 듣는 사람을 웃기고 싶은 순간이 있다. 자기 이야기에 힘을 확인하고 싶은 순간이고, 사람들이 자기 이야기를 듣고 있는지 확인하는 순간이며, 내 이야기를 들어주는 사람들을 위해 즐거움을 서비스하고 싶은 순간이다.

어느 세미나에서 있던 일이다.

외국에서 초빙된 강사가 옆에 통역을 두고 열심히 이야기를 하는 중이었다. 세미나에 모인 사람들은 기업체 관계자들이나 공무원들이 대부분이었다. 세미나가 중반 정도에 다다랐을 무렵, 외국인 강사가 모처럼 재미있는 이야기를 하고 싶었던 모양이다.

외국인 강사 : 여러분 아세요? 피터 파이퍼 픽트 펙 어프 피클드 페퍼즈?

이 말을 번역하면 '피터 파이퍼는 고추절임 한 통을 집었다'가 된다. 이게 무슨 뜻인가? 외국인 강사는 사람들에게 영어 단어 이어말하기 게임을 시키고 싶었던 모양이다. 우리말에서는 '간장공장 공장장은 김공장장이고' 식이다. 그러자 외국인 강사의 이야기를 들은 눈치 빠른 통역이 사람들에게 말했다.

통역자 : 여러분! 지금 이분이 유머를 했는데요, 기분 좋게 웃어주세요!
사람들 : 하하하!

외국인 강사는 사람들이 자기 이야기를 듣고 모두 커다랗게 웃음을 터뜨리자, 자기도 기분이 좋아졌는지 같이 웃으며 다음 이야기를 신나게 이어 나갔다.

상대의 유머는 가볍게 미소를 지어주거나 환하게 웃어주면 된다. 재미없는 농담일지라도 그 농담을 해서 사람들을 웃겨보려는 그 사람의 노력이 더 유머러스하지 않은가 생각할 수도 있어서다. 대화 중에 유머가 나오면 어쨌든 웃어주는 게 예의다. 미소이든 박장대소든, 유머를 말한 사람은 당신의 가벼운 반응만으로도 기분 좋아지니 말이다.

: 대화 장소, "장소에도 신경 쓰세요." :

대화를 나눌 때는 분위기가 중요하다. 하지만 사람들 간의 대화에서 분위기가 중요하다는 것은 단순히 고급스럽고 비싼 장소가 좋다는 얘기가 아니다. 대화에서 '분위기'란 이야기의 내용에 맞는 배경, 그 이야기가 상대방에게 제대로 전달될 수 있는 장소를 말한다.

대화는 단순히 이야기의 줄거리나 결론을 주고받는 게 아니고 이야기를 하는 장소, 배경, 소리, 색상, 상대방 등 여러 면을 고려해서 주고받는 마음의 소리이기 때문이다. 대화의 상대가 나이가 많든, 적든 무관하다. 자신의 마음을 이해해줄 것 같은 어른과 대화하고 싶다고 해서 무조건 비싼 장소, 고급 식당을 가는 건 옳은 방법이 아니다. 만남의 장소가 대화의 품질까지 만드는 건 아니기 때문이다.

'예, 아니오'로 답할 수 있는 질문은 피한다. 대화는 주고받는 게 기본이다. 그래서 내 이야기를 말할 때는 상대방이 지루하지 않도록 주의하며, 내 이야기를 듣는 사람이 이해하기 쉽도록 말하는 게 중요하다. 하지만 너무 잦은 질문을 하게 되면, 그만큼 이야기가 길어지고, 내 이야기가 제대로 전달되지 않았다는 의미로 비출 수 있다.

반면에 상대방의 이야기를 길게 만드는 것도 유의해야 한다. 상대의 이야기를 듣다가 질문하는 경우다. 상대의 이야기를 최대한 다 듣고 나서 질문하는 게 바람직하고, 질문할 때에는 그 내용이 상대의 단답형 대답으로 '네, 아니오'로 가능한 건 피한다. 질문할 때는 상대의 이야기에서 무엇이 궁금했고, 그 이야기가 어떻게 되는지 들려달라는 질문으로 한다.

'질문'과 '대답'은 대화에 포함되는 내용들이다. 이야기를 들었는데 질문이 없다고 한다면 딱 두 가지 경우다. 이야기가 완벽하든가, 아니면 이야기를 듣지 않았을 경우다.

말을 하는 사람으로선 자기 이야기를 정확하게 전달해주기 위해 오히려 질문이 나오기를 바라는데, 이야기를 듣는 사람들이 아무 질문도 없다면 그것 또한 맥 빠지는 일이다. 자기가 이야기를 완벽하게 했다고 자부할 수 없어서다.

질문할 경우엔 그날의 대화에서 핵심적인 내용으로 전후 과정의 흐름을 물어보도록 하는 게 좋다. 그래야만 전체적인 대화의 구성이 조밀해지고 짜임새가 높아진다. 이야기를 하다보면 꼭 말해야 하는 걸 잊기도 하고, 별로 중요하지 않은 것도 연거푸 반복적으로 이야기하게 되는 순간이 있으니까 말이다.

20.
대화 상대를
예우하기

오프라 윈프리는 이야기 상대를 어른으로 예우한다.

그녀보다 나이가 어려도 상관없다. 격이 없는 대화를 하는 게 아니다. 이야기 상대를 어른으로 예우한다는 건 그 사람의 인격을 존중하는 태도다. 자기 이야기를 하러 나온 사람이기에, 이야기를 듣는 사람들이 그녀처럼 어른으로 예우해야만 이야기를 잘 전달받을 수 있어서다. 존중받는 사람은 자기 안에 담긴 이야기를 가둬두지 않는다.

'쿠션언어'라는 것이 있다. 말하자면 말을 조금 더 부드럽게 꾸며주는 수식어구다. 말의 핵심을 담고 있지는 않지만, 원래의 말을 근사한 말로 업그레이드시켜준다. 우리는 알게 모르게 이 쿠션언어를 일상생활에 빈번하게 사용하고 있다.

"죄송합니다만, 실례가 안 된다면, 번거로우시겠지만……"

어렵지 않다. 부탁하거나 양해를 구할 때, 상대방의 처지를 고려하는 느낌을 갖게 하는 매우 사려 깊은 말 한마디를 건네는 것이다. 이것은 상대방에게로 선택의 주체를 넘겨주면서 존중받는 느낌을 선물하는 좋은 방법이다.

어떤 분야의 어른을 만나는 것은 육체적으로 나이는 들었지만, 자신의 내면에 청춘을 간직한 사람을 만난다는 것이다. 그것은 나이의 적고 많음과는 상관이 없다.

세월이 피부의 탱탱한 탄력을 빼앗을 수는 있어도, 오랜 경험에서 생긴 세상을 조율하는 유연한 탄력은 빼앗을 수 없다. 세월이 한 번 보면 뭐든지 쉽게 잊지 않았던 젊은 시절의 기억력을 빼앗을 수는 있어도, 오랜 습관이 만들어놓은 꼼꼼하고 철저한 기록력은 빼앗을 수 없다.

세월이 시대가 변해 더 이상 쓸모없게 된 낡은 지식을 빼앗을 수는 있어도, 온몸으로 체득한 삶의 지혜는 빼앗을 수 없다. 세월이 길 건너 작은 간판의 전화번호까지 보이던 두 눈의 시력을 빼앗을 수는 있어도, 한 번만 봐도 그가 어떤 사람인지 느껴지는 마음의 시력은 빼앗을 수 없다.

세상을 조율하는 유연함과 꼼꼼한 기록력, 지식을 넘어서는 지혜와 사람을 보는 깊은 심미안까지, 세월이 빼앗을 수 없는 것, 그것은 모두 밖에 있지 않고 자신의 내면에 있다.

세월이 빼앗을 수 없는 것을 가진 사람을 존중하고 예우하자. 그래야 나 자신도 진짜 청춘을 유지하는 삶을 살아갈 수 있다. 그런 특별한 경험을 가진 사람과의 대화는 성공을 넘어서 인생을 아름답게 만든다.

: 손동작 연습, "손으로 말해요." :

대화 준비에는 이야기를 할 때 손동작을 어떻게 할 것인가, 효과적인 의사소통에 도움이 되는 손동작은 무엇이 있는가를 미리 알아두는 것도 포함된다. 이야기의 상대가 선배이고 어른으로 예우해줘야 할 때도 마찬가지다. 눈빛과 목소리 그리고 손동작이 중요하다.

가령, 이야기를 건네려는 상대방이 다른 곳을 보고 있다면 자기 왼손 또는 양손을 펴서 손바닥을 위로 향한 상태로 공손하게 가리켜보자. 되도록이면 이야기를 나누는 사람들 전체를 응시하면서, 이야기를 건네는 상대방과 함께 무릎 바로 위 부분에서 손동작을 움직여주는 게 바람직하다.

오프라 윈프리는 '당신의 대답이 궁금해요, 그걸 말해서 시청자들께 당신을 멋지게 알려주세요'라는 표정과 함께 손동작을 사용한다. 그래서 이야기하는 사람은 편안하게 자신의 이야기를 모두 다하려고 하는 마음을 갖게 된다. 어떤 이야기를 해도 다 들어줄 것만 같은 그녀의 배려심에 의해, 대화를 나누는 사람들은 마치 거기가 TV 녹화 중이라는 사실도 잊어버린 듯하다.

오프라 윈프리의 프로그램들을 보자. 상대방에게 대화를 건넬 때는 손을 살짝 들어 상대방을 지칭하는 동작을 0.3초 정도 먼저 하고 말을 하는 것처럼, TV 버라이어티에서는 몸을 먼저 움직이며 0.3초 생각하는 여유를 두고 그다음에 이야기를 꺼낸다. 가장 자주 보이는 모습은 상대방을 보고 0.3초 미소로 웃어주며 이야기를 꺼내는 그녀의 모습이다. 이야기를 잘하는 사람들의 특징이라고도 볼 수 있다.

30초의 첫 대화 준비시간을 소중히 여기고, 3초의 룰을 지키며, 0.3초라는 짧은 시간이라도 이야기를 나누려는 상대방에게 대화하자는 신호를 보낸다. 내가 '당신과 대화를 시작하겠다'는 표시를 주는 셈이다. 상대방이 오프라 윈프리의 이야기를 듣고 답변을 미리 준비할 시간을 주는 배려다.

대화를 나눈다고 가정하자. 앞에 선 상대방의 얼굴을 보며 그 사람이 무슨 말을 할지, 다음에 무슨 이야기를 꺼낼지는 아무것도 모른다. 앞에 선 사람이 어떤 제스처도 하지 않는다면, 언제 이야기가 들어올지 그 앞에 자신은 준비할 순서를 놓친다. 그래서 눈으로는 상대방을 바라보며 그 사람의 손가락 움직임, 몸동작 하나하나를 세심하게 신경 쓰며 대화를 준비하게 된다. 말을 먼저 하고 동작을 나중에 보면서 대화하는 게 아니기 때문에 일어나는 현상이다.

바로 이런 점에서 오프라 윈프리가 누군가와 이야기를 꺼낼 때, 그 사람의 얼굴을 먼저 바라봐주고 미소를 살짝 머금은 모습은 상대방으로 하여금 '안심해도 된다'는 느낌을 받게 한다.

그녀는 반드시 입을 열기 전에 미소로 상대방을 바라보고 대화를 시작한다는 특징이 있다. 이 차이를 집에서 TV를 보는 시청자나 스튜디오에 방청객은 여간 세심하게 주의를 기울이지 않으면 전혀 눈치 채지 못한다. 오로지 그녀 앞에서 이야기를 나누는 상대방만 알게 되는 특징이라는 소리다.

그럼 이런 생각을 해보자. 당신이 TV 프로그램에 출연하게 되어 그녀와 마주 앉아 대화하게 되었다고 해보자. 그녀가 당신을 보고 미소를 짓는다면?

오프라 윈프리가 미소를 짓는 동시에 당신은 속으로 느낀다. 그녀가 당신에게 꺼낼 말은 어려운 게 아니라는 인식을 갖게 된다. 카메라 앞에서 쿵쾅거리던 심장 박동도 제자리를 찾아가고, 가파른 산 정상을 올라가듯 달리기 선수처럼 뛰던 맥박도 서서히 정상을 찾는다. 이런 느낌을 갖고, 대화는 편안함으로 시작된다.

나는 토크쇼를 목회활동이라고 여깁니다.
두려움과 억압에서
사람들을 구해주고 싶습니다.
사람들에게 그 방법을 알려주고 싶습니다.

by 오프라 윈프리 쇼

'듣기 원하는 말, 가슴을 흔드는 말'

"오늘은 날씨도 좋으니까, 걷기 운동 어떠세요?"

이 말을 한 사람은 누구일까? TV에서 일기 예보를 전하는 기상캐스터의 멘트일까? 아니면 이제 막 사귀기 시작한 남녀가 서로에게 전하는 닭살 멘트일까? 그것도 아니라면, 황혼에 접어든 노부부가 서로에게 건강을 챙기라는 조언일까?

이 말의 주인공은 병원 의사다. 이른 아침 진료를 받으러온 환자에게 건넨 말이다. 이 병원은 이른 아침 8시에 문을 연다. 그리고 토요일과 일요일에도 진료를 한다. 병원 사정이 어려워서가 아니다. 이른 아침부터 병원에 환자들이 몰려들어, 어쩔 수 없이 일찍 진료를 시작한다. 토요일도 그렇고 오전 진료만 하는 일요일도 마찬가지다. 상대적으로 이 병원 근처에 있는 다른 병원들에는 환자가 많지 않다.

환자들은 왜 이 병원에만 몰려드는 걸까?

하루는 감기 증세로 이 병원을 찾은 적이 있다. 침을 삼키기 곤란할 정도로 목이 따갑고, 콧물이 쉴 새 없이 나오고, 머리는 그냥 어깨 위에 올려둔 돌덩어리처럼 느껴지는 그런 증세였다. 다리가 휘청거리고 눈앞이 노랗게 변할 즈음이 되어서야, 견디다 못해 병원을 찾는 필자의 모습에 의사는 미소 띤 얼굴로 맞이했다.

"많이 고생 하셨어요. 이쪽으로 앉으세요. 따뜻한 물 좀 드시고요. 귤 드릴까요?"

내가 이곳에 환자로 온 것인지, 아니면 동네 이웃집에 마실 온 것인지 모를 정도로 일단 편안하게 대화부터 시작했다. 요즘 감기가 기승을 부리는데, 감기에는 따뜻한 물을 드셔야 한다며 한약재를 넣어 구수한 향기가 나는 차를 주기도 하고, 신선한 과일을 드셔야만 비타민C가 생기므로 건강 유지에 좋다며 과일을 권했다.

그리고는 이런 말로 진료를 시작했다.

"요즘 날씨도 좋은데 어디 구경이라도 다니셨어요? 날씨 좋을 땐 너무 댁에만 계시지 말고요. 가까운 공원이나 집 앞이라도 운동 삼아 걷기라도 해보세요. 10분도 좋고요, 컨디션이 괜찮다 싶으면 1시간 정도 걷기 운동하시는 게 좋아요. 아침 식사는 하셨어요? 식사를 거르시면 안 돼요. 아셨죠? 얼른 감기 나으셔서 가까운 곳에 여행이라도 다녀오셔야죠. 일이 많아도 야근 자주 하시고 밤잠 적게 주무시면 안 돼요. 아셨죠? 우리가 잠을 잔다는 건 피로를 회복하는 시간이거든요. 사람이 잠을 자야 몸 안에서 나쁜 병균들을 물리치고 우리 몸속을 건강한 상태로 돌려놓거든요. 그리고 잠시만요, 청진기가 좀 차가울 테니까 제가 손바닥에 댔다가 살짝 따뜻하게 만들고, 이제 호흡 소리 좀 들어볼까요?"

이 병원에서 치료를 받아본 사람들은 동네에서 지인들을 만나면, 그 병원에 대해 시시콜콜 이야기를 나눈다.

"의사가 무슨 작가 출신이야? 왜 그렇게 이야기를 많이 해?"

"그래도, 근처의 다른 병원 의사보다는 환자의 이야기를 잘 들어주니까 좋더라."

"그러게, 다른 병원에 가면 의사들이 딱딱하게 굴면서 아무 말도 안 하는데, 여긴 남자 의사이면서도 여자처럼 이런저런 얘기를 하니까 편안하긴 해."

"맞아, 맞아."

"감기는 어느 정도 나은 것 같은데, 그래도 혹시 모르니까 이따가 또 진료 좀 받으러 가야겠어. 건강은 건강할 때 지키라잖아?"

"그래, 그래. 나도 오늘 반상회 가서 다른 사람에게 이 병원 얘기 좀 해줄려고 해. 다른 병원은 의사들이 자기 이야기만 하고 환자 이야기는 듣질 않아서 답답했는데, 여기 병원은 좀 좋아? 오늘 가서 말해줘야지. 여기 한번 꼭 들려보라고."

이 병원엔 아침 8시부터 저녁 8시까지 근무해도 환자들의 발걸음이 끊이질 않는다. 대부분 50대 이상의 나이 드신 환자들이 단골 고객이며, 진료를 마치고 병원 문을 나서는 이들의 얼굴을 보면 속 시원한 표정들이 특징이다.

"병 다 나으셨어요?"

"다 고치긴? 며칠 뒤에 또 와야 해."

"표정이 밝으신데요?"

"속 시원해서!"

· · ·

　대화를 잘한다는 건 어떤 의미일까? 장소에 따라, 입장에 따라 내용을 구분해서 이야기하는 걸까? 아니면 표준어를 구사하며 재미있는 이야기만 할 줄 알면 되는 걸까? 상대방을 배려해주면서 내 이야기를 다하는 게 잘하는 대화일까?

　남이 듣기 원하는 말만 해주는 것은 말을 잘하는 게 아니다. 남을 배려한다는 의미는 상대방의 감정을 다치지 않고 상대방의 기분을 감안해서 대화한다는 것이지, 남이 듣기 원하는 말만 해준다는 의미가 아니다. 때로는 좋은 대화란 상대방의 기분이 조금 나빠지더라도 상대방에게 도움이 되는 내용이 필요할 때가 있다.

　사람은 누구나 타인에게 존중받고 싶어 한다. 자신의 이야기에 귀를 기울이는 사람, 변화된 스타일을 알아봐주는 사람에게 마음이 가는 건 인지상정이다. '이 사람이 나에게 집중하고 있구나'라는 느낌이 들도록 하는 데 성공했다면 일단 대화의 반은 성공한 것이다.

　대화의 주도권은 말을 많이 하는 사람 쪽으로 가는 것이 아니다. 오히려 말하는 사람보다 듣는 사람 쪽이 대화에 대한 해석력이 높다. 대화의 핵심이 무엇인지, 결론이 무엇인지, 가장 정확한 판단은 듣는 쪽에서 나온다.

　그래서 말을 잘한다는 것은 혼자 말을 많이 하는 게 아니라 잘 듣고, 호응해주고, 배려해주는 이 세 가지 요소를 잘한다는 것이다.

대화할 때는 입으로만 하는 것이 아니다. 눈은 상대를 바라보고, 몸은 상대 쪽으로 향하게 하고, 목과 손동작, 발 자세, 발동작, 호흡 속도와 소리, 입 모양, 눈빛 등 이런 모든 것을 동원해서 상대방과 대화를 나누게 된다. 대화는 입과 혀로 나누는 '소리'가 아니라 우리 몸의 모든 걸 동원해서 상대방과 '마음'을 전달하는 과정을 말한다.

오프라 윈프리는 방송을 진행하면서 사람들을 감동시키기 위해 듣기 좋은 말이나 가슴을 흔드는 말을 억지로 끄집어내려고 하지 않는다. 출연진들이 카메라 앞에서 자유롭게 그들만의 재능을 드러내도록 하면서, 그들의 장점을 살려주는 것과 재미를 동시에 만들 줄 아는 사람이라서 그렇다.

오프라 윈프리 쇼를 보자. 방송의 주요 포맷은 자신만의 고민을 가진 사람들이 있고, 그 이야기를 듣는 방청객이 있다. 그다음에 고민자의 이야기를 곁에서 읽어주며 방청객에게 호소력 있게 전달하는 그녀가 있다. 이들 맞은편에는 매 회마다 고민자들의 고민을 동감해줄 수 있는 고정패널들도 동석한다.

이때 방송에서 시청자들에게 드러나는 그녀의 역할은 극히 제한적이다. 출연자들 각자의 사연을 읽으며 시청자들과 방청객들에게 호소를 해야 한다. 각각의 사연들을 가지고 대화를 이끌어가야 하기에 때로는 스트레스를 받을 법도 하다.

하지만 그녀는 마치 시청자들에게 자신의 이야기에 집중해달라는 요청을 하는 것 같지도 않고, 그 결과를 방청객들의 의견으로 받아야 하는 것도 고민하는 않는 모양새다. 겉은 웃고 있지만 속은 아닌 셈이 아니라, 겉과 속이 동일시되는 솔직한 쇼를 보게 된다.

21.
추임새와 맞장구가
어우러진 대화

오프라 윈프리는 자신이 진행하는 프로그램에서도 다른 출연자들의 이야기를 들어주며 '맞장구와 추임새' 역할에 집중한다.

고개를 끄덕이거나, 몸을 앞뒤로 흔들거나, 박수를 치는 동작으로 이어진다.

맞장구.

'상대방의 말에 덩달아 호응하면서 공감을 표시하는 것.'

'궁금한 것에 대해서는 질문을 해주는 것.'

'대화의 흥을 돋우어 분위기를 화기애애하게 만드는 촉매제 역할을 하는 것.'

우스개 이야기가 하나 있다. 어떤 한국 사람이 미국으로 이민을 가서 여러 어려움을 겪다가 잡은 직업이 심리상담사라고 한다. 상담을 받으러 온 미국 사람들의 이야기를 제대로 듣지도 말하지도 못하는 데 말이다. 그런데 얼마 지나지 않아, 이 한국 사람이 운영하는 심리상담소는 인근에서 가장 유명한 상담소가 되었다. 어떻게 그런 일이 가능했을까?

답은 이렇다. 말을 제대로 못하니 상대의 이야기와 함께 표정이나 제스처 등에 주목하고, 짧은 영어이니 길게는 말하지 못하고 가끔 '리얼리?' '오!' '예!' '으흥!' 등으로 호응해주는 것이 전부였다. 그런데 상담을 마치고 나간 사람들이 그동안의 스트레스와 문제가 속 시원하게 해결이 되었고, 자기 말을 그렇게 잘 들어주고 호응해주는 상담사는 처음 보았다며 입소문을 낸 것이다.

맞장구는 대화에서 매우 중요한 요소다. 그리고 그것은 참으로 많은 것을 가능하게 한다. 맞장구는 내가 상대방의 말에 귀를 기울이고 있음을 드러내고, 둘 간의 대화에 깊은 유대와 공감의 분위기가 형성되도록 도와준다. 맞장구친 다음에 내가 하고 싶은 이야기를 해도 충분하다.

맞장구에도 사람마다 강도가 조금씩 다르다. 말로써 맞장구쳐주는 사람, 웃음이나 손뼉 등의 간단한 제스처로 맞장구쳐주는 사람, 특유의 과격한 몸동작으로 맞장구치는 사람 등이다.

미소를 짓거나 표정으로 맞장구치는 정도는 훌륭한 추임새가 된다. 손뼉을 치거나 간단한 스킨십은 애교로 봐줄만하다. 하지만 여기에서 도가 지나쳐 상대방이 당황스러운 몸짓이나 제스처를 취하게 되면 오히려 역효과를 낳을 수도 있다. 흔한 예로 말을 할 때, 옆 사람을 손으로 때리거나 갑자기 큰소리로 웃는 사람들이다. 맞장구에서 간단한 제스처는 센스를 발휘하는 범위 내에서 이루어져야 한다. 상대방의 말에 대한 동감 정도만 표시하는 정도가 적당하다.

어떤 여성은 말을 하면서 습관적으로 옆 사람을 세게 치는 경우도 있다. 이것은 맞장구이기보다 자신의 감정을 강력하게 어필하는 습관일 뿐이다. '하이파이브'를 기억하자. 손바닥 두 개가 '짝' 경쾌하게 맞부딪히는 것, 그것이 바로 대화의 맞장구다.

오프라 윈프리의 추임새는 특별한 것도 아니다.

"네~"

"네?"

"네!"

다른 출연자가 이야기할 때는 상대를 항상 미소 띤 얼굴로 응시하며 듣기만 하는 그녀다. 물론 이런 모습을 보다 못한 방청객 중 누군가 출연자의 이야기 도중에 '돌직구'를 날리며 카메라 안으로 들어올 경우일지라도, 그 역시 그녀는 방청객을 향해 어떠한 즉각적인 반박도 하지 않는다.

"내가 지금 이야기하는데, 왜 당신이 그 이야기를 하세요?"

이런 이야기도 없다.

"○○○님이 이야기하시는 중이잖아요?"

대화의 흐름을 깨트릴 수 있는 실수를 지적하며 타박하지도 않는다. 대화의 흐름을 유지하며 재미와 감동을 줄 수 있는 이야기를 찾아내어 증폭시키는 역할은 자신이 진행자로서 맡은 책임이라고 느끼는 모습이다.

오히려 누구의 말이든 간에 대화 도중에라도 자신의 어떤 오해나 실수가 드러난다면 그녀는 그 즉시 "혹시 이런 거 아닐까요? 아이쿠, 제가 잘못 생각했습니다."라고 대답한다. 그래서 시청자나 방청객들은 오프라 윈프리가 더 좋은 사람이라는 걸 파악하게 된다.

: 넌버벌 커뮤니케이션, "말 안 해도 알아요." :

오프라 윈프리의 눈빛과 동작을 눈여겨보도록 하자. 전체 이야기 흐름에서 그녀가 등장할 때는 재미와 웃음이라는 양념이 섞이는 순간이 되기도 하니 말이다. 이름난 식당의 '맛의 비밀'처럼, 그녀가 등장하는 쇼에서는 시청자들과 방청객들이 기대하고 기다리는 '말의 비밀'이 있다.

사람을 끌어당기는 호감을 불러오는 보디랭귀지Body Language에는 고개를 끄덕이는 것과 함께 유용한 것이 눈을 마주치는 것이다. 첫 만남에서 단순히 인사만 건네는 것이 아니라, 상대방의 눈에 도장을 찍는 것이다. 말하는 중간에도 부담스럽지 않을 정도로 눈을 가볍게 마주치며 눈빛을 교환하는 것이 좋다. 눈빛을 교환하는 짧은 신호는 당신을 성공적인 화자로 이끈다.

미국의 유명한 토크쇼 사회자인 래리킹은 대화 상대를 주시하고 있다는 점을 강조하기 위해, 대담 도중 약간 몸을 앞으로 기울인다. 그것은 분명 효과적인 보디랭귀지다. 상대방은 관심을 받고 있다는 생각에 더 신명 나게 이야기를 이어나갈 수 있게 된다.

단, 눈을 지나치게 응시하거나 과도한 보디랭귀지를 사용하는 것은 경계해야 한다. 상대방도 불편할 뿐 아니라, 말을 하는 사람에게도 고역이기 때문이다. 시선을 상대의 어깨 너머로 두거나 계속 다른 쪽을 주시하는 것은 되도록 피해야 한다.

오프라 윈프리의 방송에서는 상대방에 대한 배려와 감동에서 생기는 편안함이 있고, 방송의 재미에 맛을 더하는 그녀만이 알고 있는 '말의 비밀'이 있다. 그것은 바로 그녀의 눈과 표정으로 나누는 이야기다.

보디랭귀지를 적절히 곁들여 말하는 연습도 필요하다. 보디랭귀지를 가리키는 용어로 '제스처'는 대화를 효과적으로 나누는 데 필요한 수단이 되면서, 동시에 대화 그 자체가 되기도 한다. 제스처를 보면 대화를 듣지 않아도 대강은 어떤 내용인지 알 수 있어서다.

잡지 등에 실리는 심리테스트를 떠올려보자. 심리테스트는 보통 'Yes' 또는 'No' 둘 중 한 가지의 답을 선택하게 되어 있다. 지문에 동의하면 'Yes'이고, 동의하지 않으면 'No'를 따라가면 된다. 대화의 내용들도 그것을 활짝 펼쳐 놓으면 중간 중간에 수많은 'Yes'와 'No'의 깃발들이 꽂혀 있음을 알 수 있다. 한쪽의 이야기에 'Yes'의 몸짓을 날리면 대화는 순항하고, 'No'의 몸짓을 날리면 대화는 한참을 돌아간다. 타협의 시간만큼 지연된다.

대화에서 'Yes'의 제스처는 단순한 모션이 아니다. 그것은 대화를 조종하고 있는 보이지 않는 힘이고, 성공적인 대화를 위한 몸의 화술이다. 보디랭귀지는 그래서 또 하나의 훌륭한 언어가 된다.

실은 많은 언어학자들이 버벌 커뮤니케이션Verbal Communication, 언어적 의사소통 못지않게 넌버벌 커뮤니케이션Non-verbal Communication, 비언어적 의사소통이 중요하다고 강조하고 있다.

현대무용이나 발레 공연을 보면 무용수들이 표현하는 감정들이 그대로 전달되는 느낌을 경험하게 된다. 단 한마디 말도 하지 않는데, 머릿속에는 직접적으로 이야기를 속삭여주는 것 같다. 인간은 일상생활 속에서 언어 이외의 커뮤니케이션을 통해 더 많은 정보를 전하고, 공유하며, 이해하며 살고 있는 셈이다. 이런 '언어' 이외의 의사소통을 '넌버벌 커뮤니케이션'이라 부른다.

넌버벌 커뮤니케이션이란 몸짓, 자세, 시선, 눈빛, 표정, 제스처, 분위기, 의상 등과 같이 언어 외 수단을 이용한 모든 소통 행위를 의미한다. 인간의 커뮤니케이션에서 언어적Verbal 요소가 차지하는 것은 30%이고, 나머지 70%는 비언어적Non-verbal 요소가 차지한다. 미국의 정신병리학자인 쟈겐 루이스는 자신의 저서 《비언어적 커뮤니케이션》에서 다음과 같이 쓰고 있다.

"인간은 언어 이외의 기호를 대략 70만이나 사용하여 커뮤니케이션하고 있다."

넌버벌 커뮤니케이션의 요소들을 잘 관찰해보면 상대방의 심리를 읽어낼 수 있는 무수히 많은 정보들이 존재한다. 즉 무의식적 마음과 넌버벌 요소들 사이에는 강한 관련성이 있어, 무엇을 의미하는가를 파악하면 감추어진 마음무의식까지 이해할 수 있다.

22.
마음의 소리를 나누는
대화의 기술

사람들은 하루에 어느 정도로 이야기를 할까?

단어 수로 구분하자면, 여자는 하루에 6,000단어, 남자는 하루에 2,500단어 정도를 말한다. 단어 수만 보게 되면 여자가 남자보다 세 배이상 말을 많이 하는 편이다.

하지만 그 내용을 보게 되면 또 다르다. 단순 비교에서 여자가 남자보다 말하는 단어 수만 많은 게 아니라, 감정 표현을 더 상세하고 자세하게 전달하면서 단어를 더 많이 사용한다는 걸 보게 된다. 그래서 마음을 나누는 대화의 기술은 여자가 남자보다 더 잘하고 익숙하다.

남자들은 대화를 하며 '결론'을 빨리 듣고자 하는 것에 비해서, 여자들은 '과정'과 그 사이에 '스토리' 그리고 '결론'에 이르기까지 대화하는 상대방과 함께하는 시간을 소중히 여긴다. 그리고 그렇게 함께 나눈 시간을 그 사람과의 관계를 형성하는 데 썼다고 만족한다.

결국, 대화의 기술은 누가 더 많은 단어를 사용하고 얼마나 오랜 동안 떠드느냐가 중요한 게 아니라, 상대방을 배려하고 얼마나 상대를 이해해주고 다독여줬는가가 중요하다.

그래서 오프라 윈프리는 사람들의 이야기를 들으며 그때마다 추임새를 넣고, 상대방을 바라보고 고개를 끄덕이고, 눈을 자주 마주친다. 이야기를 듣는다고 해서 귀만 기울이는 게 아니라 상대의 이야기를 듣고 온몸으로 반응해주는 모습이다.

왜 그럴까?

대화는 이야기만 주고받는 게 아니라, 서로간의 마음을 주고받는 것이기 때문이다. 어떤 이야기는 귀를 기울여 듣기만 하고, 어떤 이야기는 감탄사로 호응하고, 또 다른 이야기는 손뼉을 쳐주라고 구분된 게 아니다. 상대의 마음을 듣고 상대의 마음에 때론 격려를, 때론 응원을, 때론 감사함을 표시하는 방법인 이유다. 듣는 이의 마음을 표현하는 방법들을 가리킨다.

가령, 오프라 윈프리처럼 독려하는 방법이 대화를 풍성하게 만든다. 대화하면서 상대에게 긍정의 에너지를 전달하는 방법이다. 내 한마디가 상대방의 인생을 바꿀 수도 있다는 생각을 하자. 독려라는 건 '다독여주는 격려하는 말'이 된다.

다독이며 격려해주는 것, 좌절감을 맛보거나 큰 낭패를 겪은 사람이거나, 하는 일마다 실패하거나 잘 안 되어서 의욕을 잃은 사람 등에게 해주는 대화법이다.

"낙담할 필요는 없어. 넌 잘했어."

"너 아니면 할 수 없었어. 너는 최선을 다한 거야."

"이제 시작이지. 괜찮아. 또 하면 돼."

"너에겐 분명 재능이 있어. 넌 그걸 찾기만 하면 돼."

"그래도 전보다는 나아졌잖아? 다음엔 더 잘할 거야!"

독려하는 대화는 사람들에게 기운을 차리게 해주고 힘을 만들어준다. 포기하는 대신 다시 도전할 수 있는 힘이 된다. 독려받는 사람들은 자기 자신이 얼마나 소중한 존재인지, 그리고 자기에겐 지금껏 자기가 몰랐던 재능이 있고, 더 노력하면 된다는, 자기는 조금씩 나아지는 사람이라는 자부심을 갖게 된다.

오프라 윈프리는 말한다.

"우리의 목적은 사람들이 자기 자신을 누려도 되는데 그러지 못하는 이유를 찾아내는 것입니다. 예쁜 찻잔이 있는데 거기에 차를 마시지 못하고 아껴두는 것처럼요. 예쁜 찻잔에 차를 마신 게 언제쯤이세요? 매일매일 열정을 갖고 살아가고 계시나요? 이틀 간격으로요? 아니면 일주일에 이틀 정도는 열정을 갖고 계시나요? 항상 즐겁게 살고 싶은데 망설이게 하는 두려움이 있다면 그걸 떨쳐 버리세요. 푹신한 소파에 앉고 싶은데 소파가 망가질까 두려워할 필요는 없는 거죠."

: 추임새, "듣는 사람이 더 재미있네요." :

건성으로 들어주는 것이 0점이라면, 들어주기만 하는 것은 50점, 맞장구치며 호응해주는 것이 100점이다. 1:2:3 화법이라는 말이 있다. 한 번 말한 뒤, 두 번 들어주고, 세 번은 맞장구쳐주라는 뜻으로, 경청을 강조할 때 자주 인용되는 법칙이다. 그래서 대화를 나누며 이야기를 들을 때 추임새는 이야기의 흥을 돋운다.

"어, 그래?"

"어머, 저런!"

"아하, 그랬구나!"

"우아, 대단한데!"

이러한 추임새의 종류는 제한도 없다. 그 사람과 이야기할 때는 상대의 기분을 즐겁게 해주는 단어면 충분하다. 추임새는 짧고 간단한 감탄사다. 상대의 이야기를 듣고, 이어서 자기 이야기를 하라는 건 아니다. 찰나에 스치는 짧은 단어면 된다. 때로는 숨소리만으로도 가능하다. 짧지만 강한 힘을 가진 게 추임새다.

상대가 즐겁게, 지치지 않게, 기분 좋게 이야기를 이어갈 수 있도록 박자를 맞춰주는 것과 같다고 하겠다. 판소리를 하는 사람 곁에서 북을 쳐주는 고수鼓手의 역할이기도 하고, 영어 단어에 악센트accent이기도 하다.

예를 들어보자.

156 오프라 윈프리의 대화법

a. "내가 어제 그 남자랑 드디어 소개팅을 했다는 거 아냐!"

b. "우아, 진짜?"

a. "그런데 그 남자도 내가 싫지 않았나 봐."

b. "이야, 대단한데!"

a. "이번 주에 뭐하냐고 묻더라!"

b. "어머, 그래서?"

a. "그래서 시간나면 영화나 한 편 보자고 했지."

b. "대박인데!"

위 대화에서 추임새는 b의 대화가 된다. 이처럼 추임새는 상대방이 자기 이야기를 더욱 즐겁고, 신나고, 지치지 않게 이어나갈 수 있도록 해준다. 추임새는 짧은 단어도 좋고, 이야기하는 사람의 감정에 맞출 수 있는 단어라면 무엇이든 좋다.

추임새가 능숙해지려면 평소에 다른 사람의 이야기를 들으면서 약간의 노력만 하면 된다. 어렵지 않다. 가능하다면 이야기하는 상대방이 평소 잘 사용하는 단어들을 기억했다가 이야기를 들으면서 짧게, 한두 마디씩 말하는 것이면 충분하다.

하지만 추임새도 타이밍이다. 오프라 윈프리처럼 상대방의 이야기를 듣다가 적당한 타이밍에 맞장구쳐라. 호들갑을 떨거나 건성으로 느껴지는 맞장구가 아니라, "그렇죠." "그럴 때가 있어요." "맞아요." "저도 공감합니다." 식의 상대방이 경계심을 풀 수 있는 편안한 맞장구다.

앞서 설명한 '추임새'와 비교될 수도 있는데, 추임새는 상대방이 즐겁게 이야기를 이어나가도록 박자를 맞춰준다는 의미인데 비해, 맞장구란 상대의 이야기의 '공감' 내지는 '동감'을 표현하는 말이다. 그것도 적절한 순간에 시간을 맞춰서 제대로 말해야 된다는 점이 차이다.

    a. "맛집에 갔는데 생각보다 내 입에 맞지 않는 거야. 너도 가봤어?"
    b. "맞아! 나도 그랬어!"

상대의 이야기를 들으며 적절한 순간을 골라야 한다는 점이 중요하다. 이처럼 이야기를 듣는 사람이 내 이야기에 맞장구쳐주면 말하는 사람은 더욱 신나서 기분도 즐거워진다.

'그래, 내 생각이 틀리지 않았구나!'

'역시 내 친구구나!'

'나랑 느끼는 것도 같고 생각도 같구나!'

이야기하는 사람이 맞장구쳐주는 사람에게 가질 수 있는 생각들이다. 내 마음을 아는 사람이 내 이야기를 들어준다? 대화가 즐거워지고 그 순간만큼은 그동안 하지 못했던, 말하고 싶었던 이야기들을 모조리 쏟아내는 시간이 된다.

23.
가슴에 뿌리는
말의 씨앗

오프라 윈프리는 말이 주는 기적을 익히 알기에, 함부로 말하지 않는다.

'말 한마디'에 상처받는 게 사람이다. 세상에 제일 무서운 건 '무관심'이라는 말도 있지만, 그보다 더 무서운 건 '나쁜 말 한마디'다. 무관심은 최소한 상대방에 대한 악담은 하지 않는 거지만, '나쁜 말 한마디'는 상대에게 남기는 마지막 기억을 악담으로 남기는 것이니까 그렇다. 나쁜 말 한마디에 관계를 끊는 경우를 말한다.

말 한마디는 그 이야기를 듣는 상대방에게 큰 용기가 되고, 인생의 꿈이 되기도 한다. 무심코 흘려버린 말 한마디가 상대방에게는 심장을 울리는 가치관이 되어 나머지 인생을 오로지 그 말 한마디를 이루기 위해 살아가는 경우도 많으니까 말이다. 그래서 말 한마디의 힘을 아는 사람들 중에 성공한 사람들이 많다. 그중 대표적인 여성이 바로 오프라 윈프리다. 더 이상 무슨 표현이 필요할까?

그리고 말 한마디의 중요성을 이야기할 때, 또 빠지지 않는 사람들이 '가수'들이다. 가수는 자기 노래대로 운명을 산다는 이야기가 있다. 슬픈 노래를 하면 슬픈 인생을 살고, 행복한 노래를 하면 행복한 인생을 산다는 이야기를 한다. 항상 노래를 부르고 다니는 가수의 인생에서 입 밖으로 꺼내는 말이 얼마나 중요한지 상징하는 말이기도 하다. 그래서 사람에게 말 한마디는 무엇과도 바꿀 수 없는 가치를 지닌다.

말 한마디는 사람뿐만 아니라 사물도 변화시킨다. 채소를 키우면서 채소에게 "넌 예뻐, 넌 세상에서 제일 멋진 채소야."라는 칭찬을 해주면, 그 채소의 성장이 촉진된다는 이야기도 있다. 물 한 컵을 떠놓고 물을 향해서 "넌 세상에서 제일 좋은 물이야."라고 말해주면 물 입자 모양이 선명하게 바뀐다는 연구 결과도 있다. 이런 이야기들의 실험 결과는 하나 같이 모두 '말의 중요성'을 나타내는 말이다.

나쁜 말을 뱉으면 그 말이 상대방에게 날아갔다가 부메랑이 되어 자기 몸에 칼날을 단 상태로 되돌아온다. 돌아올 땐 너무 빨리 도는 회전력에 되잡을 수도 없이 위험한 상태가 된다. 고개를 숙이든가 맞지 않기 위해 도망가야 한다. 그래서 나쁜 말을 해서는 안 되고, 나쁜 사람들이 던지는 나쁜 말도 듣지 않도록 주의해야 한다.

반면에 좋은 말을 담은 말은 나한테 다시 돌아오지 않는 경우가 많다. 받으면 기분 좋고 행복한 말이기에 던지기만 하면 누군가가 상대편에서 잡아 버린다. 간혹, 나한테 되돌아오는 부메랑 역시 그 안에 행복을 담고 있기에 기분 좋은 신호가 된다.

필립 체스터필드의 《내 아들아 너는 인생을 이렇게 살아라》에 이런 구절이 나온다.

"책을 읽다가 좋은 말이 나오면 그것을 기억해두었다가 대화에 이용하는 것도 좋은 말하기 방법이란다. 이때 그 말을 그대로 이용하기보다는 너만의 말투로 바꾸어 말해야 한단다. 그래야 진짜 자기만의 말하기 방법이 될 테니까."

사람의 '말'이란 그 시작은 입이지만, 상대방의 귀를 통해 들어가서 상대방의 가슴속에 도착한다. 나쁜 이야기를 할 경우에도 누군가의 가슴속에 자리 잡고 뿌리를 내려, 하나의 거대한 증오라는 나무가 된다는 뜻이다. 그래서 말이란 입에서 태어나서 가슴에 뿌리내리는 감정의 씨앗이라고도 부를 수 있다.

: 긍정의 말, "긍정을 긍정하세요." :

주어진 상황과 조건은 다를지라도, 우리 모두는 희로애락을 경험하며 살아간다. 다만, 사람의 천성 중 긍정적인 쪽을 택한 사람은 아무리 힘든 상황에서도 다시 한 번 해보자면서 웃는 것이고, 부정적인 쪽에 치우친 사람은 인생을 비관하고 상황을 더욱 악화시킨다.

누군가와 크게 싸운 일이 한두 번은 있을 것이다. 그런 상황에서 누군가가 먼저 웃고 사과하면 기분이 한결 개운해진다. 그런데 시간이 지날수록 악에 바쳐 이를 갈면 점점 왜 싸웠는지도 모르게 미움의 감정만 남아 속을 곪게 만든다. 그 시간은 굉장히 불편하고 고통스럽다.

행복한 사람이 되기 위해서는 나 스스로 긍정적인 생각을 해야 한다. 긍정적인 말과 행동을 하면 자연스럽게 행복은 따라온다. 그리고 행복한 사람과는 자꾸자꾸 이야기를 나누고 싶다.

오프라 윈프리처럼 긍정으로 말하자. 긍정의 이야기는 최악의 상황에서도 그것을 이겨낼 수 있는 비결이 있음을 제시하며 긍정적인 마음을 갖게 해준다. 그녀는 이런 식으로 말한다. "나쁘다."보다는 "좋지 않다." "틀렸다."보다는 "다시 생각해볼 여지가 많다." "안 된다."보다 "노력해보겠다." 식이다.

부정의 마음을 가진 상대에게 긍정을 가능성을 이야기하면, 그 사람은 그 말을 통해 희망을 본다. 부정에서 벗어날 방법을 찾게 된다. 그때까지 부정적인 상황만 가득한 머릿속에 어느 순간 희망이 자리를 잡는다. 긍정의 힘이 위대한 이유다.

"너는 절대 실패하지 않았어. 너는 배울 기회를 갖는 것뿐이야."

"네가 못할 일이란 없어. 다른 방법을 찾을 기회가 온 거야."

"네가 입사할 회사가 없다는 게 아냐. 네겐 다른 진로가 준비되어 있다는 거야."

"네가 사랑받을 자격이 없는 게 아냐. 그 사람은 자기를 사랑해주는 사람을 잃어버린 거야."

"세상이 너를 버린 게 아냐. 네가 등장할 순간이 아직 오지 않은 거야."

우리는 긍정을 통해 희망을 만들고, 희망을 통해 목표를 이룬다. 대화의 시작이 긍정이 되어야 하는 이유다. 말하기의 시작은 긍정이어야 한다.

폴리아나 효과Pollyana Effect라는 것이 있다. 대부분 어떤 사람을 처음 만났을 때 긍정적인 심상을 찾아내어 후한 평가를 내린다. 향후 자신과 긍정적인 관계로 발전될 수 있다는 가능성까지 고려하여, 긍정적으로 상대를 평가하려는 것이다. 미국 소설 속에 등장한 여주인공의 성격과 비슷해 폴리아나 효과라고 붙여졌다.

하지만 긍정적인 평가를 내렸음에도 상대에게 부정적인 심상을 하나라도 찾았다면, 그 순간부터 상대의 장점보다 단점을 확대 해석하려는 경향도 지니고 있다. 단점과 장점을 동일선상에 놓았을 때, 단점을 부각시켜 인식하려는 경향이 짙게 나타난다는 것이다. 이러한 현상을 부정성 효과Negativity Effect라고 한다.

아직 관계가 무르익지 않은 관계에서 부정성 효과는 더욱 두드러지게 나타난다. 이는 '긍정적인 심상'을 찾은 이유와 동일하다. 티끌만한 단점이라도 자신과 앞으로 인연을 맺는 데 있어 장애로 작용될 것이 두려워, 미리부터 바리게이트를 치고 싶어 하는 심리다.

오프라 윈프리는 항상 긍정을 대답한다. 그래서 그녀의 말은 '치유'가 대부분인 경우가 많다. 같은 여성으로 초대 손님의 사연이 너무 충격적이어서, 받아들이기 어려운 좌절감을 느끼더라도 그녀는 되도록 긍정을 대답한다. 상대에게 이길 수 있다며, 이겨내는 힘을 가지라며 이야기하는 그녀. 이겨내고 새로운 희망을 만들라고 알려준다. 그녀를 만나면 어둠이 빛으로, 부정이 긍정으로 변하는 이유다.

24.
대화 상대에게
좋은 이미지 주기

오프라 윈프리처럼 사람들이 듣고 기억해주는 이야기를 하자.

칼에 베인 상처는 시간이 지나면 저절로 낫지만, 말에 베인 상처는 시간이 흐를수록 상처가 더 깊어간다. 그래서 입 밖으로 던져진 말은 오랜 시간이 흘러도 반드시 꺼낸 사람에게 돌아온다. 그래서 조심하고 또 조심해야 하는 게 말이다.

이 글을 읽는 당신이 어릴 적, 청소년 시절, 어른이 되어서도 기억하는 말이 있다. 누군가로부터 들었던 상처의 말, 눈물을 흘리며 절망하게 했던 그 '말'이다. 그래서 말이란 건 듣고 잊어버리는 게 아니다. 당신이 여전히 기억하는 그 나쁜 말이 있듯이.

'말'이란 이야기를 나누며 '대화의 중요성'을 강조한다. 그런데 '글'은 또 다르다. 어느 시간에 일어난 상황을 적은 '기록'은 그 내용이 나쁜 내용이라고 해도 기록을 없애 버리기만 하면 기억에서 사라진다. 기록을 만든 사람, 혹은 갖고만 있던 사람일지라도 어떤 내용이었는지, 누구에게 무슨 말을 하려던 것이었는지 기억하지 못한다. 엄밀히 따지면 '기억하지 않는다'지만 하여간 그 결과는 '기억에 없다'가 된다.

행복한 사람은 말 속에 꿈이 담겨져 있다. 대화를 나누면서 상대방의 꿈을 들어주되 당신의 꿈도 드러내자. 꿈을 꾸는 사람은 꿈을 꾸는 사람을 좋아하는 것과 같다. 다시 말해서, 비전을 갖고 도전하는 사람은 다른 사람도 자신과 똑같은 목표 또는 도전하는 사람을 좋아한다는 뜻이다. 열심히 일하는 사람이 열심히 일하는 사람을 좋아한다. 도전하는 사람은 의지 없는, 꿈 없이 방황하고 나약한 사람을 좋아하지 않는다.

달리기 경우와 같다. 달리기 선수가 같은 경기에서 달리는 다른 선수들을 바라보는 이치다. 꿈에 도전하는 사람은 자신처럼 자기의 꿈에 도전하는 사람을 보며 위안을 받는다. 달리기 선수들은 옆에서 달리는 선수들을 보며 숨을 쉰다. 달리기 선수가 관중석을 보며 달리지 않는다. 인생에서 우리 곁에 누가 있어야 하는지 알려주는 이야기다.

상대방의 꿈을 들었다면 당신도 꿈을 이야기하자. 상대방이 꿈을 이루는 데 도전하는 것처럼 당신도 도전하고 있다고 이야기하자. 누구라도 먼저 포기하기 없으며, 먼저 꿈을 이룬 사람을 위해 서로 용기가 되는 사람이 되자고 이야기하자.

대화하는 상대에게 좋은 이미지를 주고 싶다면 상대의 꿈을 칭찬하자. 그 사람 입장이 되어 스스로에게 전하는 격려가 되도록 한다. 자기의 꿈을 이루는 사람은 다른 이의 꿈도 소중한 걸 안다. 그래서 꿈은 같이 꿔야 한다. 대화 속에 꿈이 나와야 하는 이유다.

: 독서하기, "책의 목소리를 들어요." :

오프라 윈프리가 대화를 잘하는 이유는 책을 많이 읽은 덕분이다. 책 속에서 여러 사람들의 삶을 간접 경험하기도 하고, 나름의 아픔을 치유하는 법도 배울 수 있다. 이 세상의 고민을 먼저 겪은 사람들이 남겨둔 해결책도 찾을 수 있다. 그래서 그녀는 다른 사람들에게 독서를 권한다. 책에는 정말 많은 사연들이 가득하기 때문이다.

그녀는 책을 통해서 다른 사람을 이해하는 길을 발견했다. 그녀는 자신과 같은 불행을 겪고 있는 사람들을 책을 통해 만나면서, 사람의 감정을 이해하는 능력을 키울 수 있었다. 그녀는 세상을 원망하며 삶을 포기할 뻔 했지만, 그런 괴로움과 고통을 독서를 통해 이겨나갔다.

오프라 윈프리는 말한다.

"저는 책을 통해 자유를 얻었습니다. 저는 책을 읽으며, 농장 너머에는 정복해야 할 큰 세상이 있다는 것을 알게 되었습니다."

그녀의 삶에 큰 영향을 준 책은 마야 안젤로의 《나는 새장 속의 새가 왜 노래하는지 안다》였다. 윈프리는 새장 속에 갇혀 있는 새가 노래하는 이유를 이 책을 읽고 깨달았다고 한다. 그녀는 독서를 통해 새장 속에 갇힌 자신의 삶에서 자유를 얻었던 것이다.

말을 잘하고, 대화에서 성공하는 방법은 생각처럼 어려운 일만은 아니다. 꾸준한 독서와 사색, 잘 들을 줄 아는 정성과 진심으로 대하는 마음 정도만 갖춘다면 말을 잘하는 사람으로 멋지게 변할 수 있다.

대화의 핵심을 유연하게 이끌어가기 위해서는 일단 머릿속에 지식이 충만해야 한다. 신문이나 책을 통해 시사상식과 교양을 쌓는 것이 중요하다. 왜 글을 잘 쓰려면 다독, 다작, 다상량이라고 해서 많이 읽고 많이 써보고 많이 생각하라는 말이 있지 않은가?

말을 잘하는 방법도 마찬가지다. 다양하게 읽고 사물이나 세상에 대해 깊이 생각해보는 습관이 선행되어야 말을 잘할 수 있게 된다.

매사에 심드렁하고 마음이 닫힌 사람은 결코 대화에 성공할 수 없다. 태도의 문제도 중요하지만, 스스로 닫힌 마음의 문을 열기 위해서는 각고의 노력이 따라야 한다. 다양한 계층의 사람들과 대화를 이끌어 나가기 위해 신문, 잡지, 책 등의 매체를 자주 접하는 것도 좋다. 머릿속에 흘러가는 생각들이 있어야 입으로 나오지 않겠는가?

한마디로 가득 차 있어야만 퍼올릴 수도 있다는 말이다.

책은 그대로 덮어 두면 아무런 말도 하지 않는다. 우리가 비로소 책을 펼치고, 눈길을 주고, 활자를 받아들여야만 말을 하기 시작한다. 좋은 것은 누구의 것이든 배워야 한다. 그리고 벤치마킹을 통해 이왕이면 나를 한 발자국 더 나아가게 하고 발전시킬 수 있다면, 그보다 좋은 인생의 전략이 어디 있을까?

책의 목소리를 경청해보라. 다양한 이야기에 귀를 기울여라. 책의 지식과 지혜가 내 것이 되면 대화의 꺼리가 늘어난다.

진짜 대화를 한다는 것은 진짜 친구를 얻는 것과 같다. 그래서 남들 다 아는 대화, 누구에게나 열린 정보, 손가락 몇 번만 까딱거리면 보이는 이야기들 정도로는 진짜 대화가 불가능하다. 대화의 소재가 충분하지 않다는 뜻이다. 어떻게 해야 할까?

진짜 친구를 얻는 것과 같으려면, 진짜 대화를 잘하려면 생각의 깊이가 깊고, 사고방식의 범위가 넓어야 한다.

예를 들어 당신이 찾는 대화 상대를 떠올려도 좋다. 어떤 사람을 만나서 대화하고 싶은가? 스마트폰에서 얻은 정보만 이야기하는 사람? 아니면 책도 읽고 신문도 읽고 세상 돌아가는 지혜도 많이 알며 대인관계 폭도 넓은 그런 사람을 찾는가? 누가 실질적인 도움을 줄 것인가?

25.
좋은 말, 나쁜 말
가려하기

오프라 윈프리처럼 좋은 말을 이야기하자.

그녀의 말 한마디가 상대방에 가슴에 도착하는 순간 이웃집 언니, 옆집 편한 누나가 하는 이야기로 전달되는 걸 본다. 그래서 그녀의 말은 부메랑이 되어 돌아오는 건 맞지만, 다른 사람들이 그녀에게 전하는 '칭찬의 부메랑이 된다. 혼자 날았다가 다시 그대로 되돌아오는 게 아니라 상대방에게 전해졌다가 행복과 기쁨을 얻어 되돌아온다.

사람의 입□에는 문門이 없어서 걸어둘 수도 없다는 이야기를 기억하자. 닫히지 않아서 항상 열려 있으며, 닫은 것 같다가도 이내 열려 버리고 만다. 사람의 입은 그래서 자물쇠로 채워 둘 수도 없다.

가장 좋은 말이란 꿈을 꾸게 하고, 용기를 얻게 하고, 자신의 가치를 깨닫게 해주는 말이다. 사람의 가슴에 뿌리를 내리고 자라나서 행복과 사랑이라는 열매를 맺는 나무가 되는 말이다. 나중에 그 사람의 마음에서 자란 행복과 사랑이라는 열매가 다시 그 사람의 입을 통해서 다른 사람의 마음에 전달된다.

가장 좋은 말의 의미는 반드시 듣기 좋은 칭찬을 뜻하는 건 아니다. 좋은 말이란 상대에게 칭찬하기가 아니다. 가장 좋은 말은 듣는 사람이 기분 좋고 따뜻함을 갖게 되는 말이다. 슬픔을 당한 사람에겐 슬픔을 잊게 하는 격려가 되는 말이 가장 좋은 말이다. 당신이 누군가에게 어떤 '말'을 해야 한다고 여긴다면 지금 당장 그 말이 '좋은 말'인지, '좋지 않은 말'인지 생각해보자.

TV에서 보는 그녀는 자기 이야기에 솔직한 모습을 보인다. 카메라가 켜져 있을 때와 카메라가 꺼진 상태에서 드러나는 방송인 오프라 윈프리와 방송 외적인 자연인 오프라 윈프리의 모습의 차이는 분명 존재할 것이다.

다만 다른 사람들에 비해 그 차이가 크지 않다는 얘기다. 방송을 통해서나 방송 밖에서 보이는 그녀의 사람 됨됨이가 최고라는 평가와 함께 엄지손가락을 치켜세우는 사람들이 많은 이유이기도 하다.

가령, TV에서 보는 그녀는 "아이구 뭐 그런 걸."이라고 말하며 자신에 대한 칭찬이나 쑥스러운 상황이 닥쳤을 때, 자기 자신을 낮추며 사람들의 과도한 칭찬을 사양하는 경우가 많다.

하지만 그녀 자신의 과거 시절 모습이 나올 때면 부정하지는 않고 때로는 '저 때는'이라며 회상에 젖기도 한다. 그런 그녀의 모습이 진실하기에 사람들은 그녀의 팬이 된다.

우리들의 경우를 생각해보자. 인터넷에 정보가 넘치면서 '주입식 지식'을 그대로 믿는 사람은 더 이상 없다. 반드시 자기 검증 과정을 거쳐야만 그제야 '진실'로 받아들인다. 다른 사람들도 다르지 않다. 영화 '변호인'을 보고 나온 사람들이 인터넷에서 '부림사건'을 검색했다. 영화 '아바타'를 보고 나온 사람들이 '제임스 카메룬' 감독을 검색하는 시대다. 쇼핑을 할 때도 '칼로리'와 '성분표시'를 보고 구입하는 시대다. 아무리 작은 글씨로 적혀 있어도 일일이 읽고 나서 건강을 챙겨가며 구입하는 시대다.

그러므로 단순히 TV를 본다고 해서 사람들이 화면에 비춰지는 그대로 믿는 것만은 아니다. 다만, 한 번 신뢰를 갖게 되면 두 번 검색을 하지는 않는다. 오프라 윈프리에게 사람들이 믿음을 보내는 이유다. 물론 그녀를 향한 신뢰는 그녀와 대화를 나누는 시간 동안 오랜 세월을 거쳐 쌓인 신뢰라는 점이 특징이지만 말이다.

: 듣고 말하기, "말하기보다 듣기에 더 집중하세요." :

'말'이란 하기보다는 듣기가 중요하다. 말을 처음 배우는 아이를 생각해보자. 갓 태어난 아기가 태어나자마자 엄마 아빠 찾으며 밥 달라고 하지 않는다. 처음엔 울기만 한다. 배고파도 울고, 짜증나도 울고, 기저귀에 응가를 해도 운다. 이때 아가는 들을 수는 있지만 말하는 법을 모르기에 울기만 한다.

그러다가 엄마 아빠, 그리고 사람들이 하는 이야기를 듣기 시작하면서 아기는 말을 하기 시작한다. 엄마, 아빠, 안녕, 잼잼, 코코코, 맘마 여러 단어를 하나씩 배우면서 말을 배워간다.

아기가 처음 배우는 단어들은 주로 자기의 삶_{아기에게 필요한 삶이라는 먹을 것,} 입을 것 등에 연관된 단어부터 배운다. 밥 주는 엄마, 업어주는 아빠, 배고프면 찾아야 하는 맘마, 아가의 얼굴을 가리키는 코, 입, 귀 같은 단어를 먼저 배운다.

아기가 듣기 시작하면서 하나씩 말도 하기 시작한다. 아기의 말은 처음엔 단어의 나열 수준이다. 하지만 의사소통이 된다. 아기가 자신의 상태를 뜻하는 단어를 말하면 엄마 아빠가 이해하고 도와준다. 말 한마디가 아기의 삶을 책임져주는 상황이 시작된다.

듣기를 잘하게 되면 할 수 있는 말이 늘어난다. 의사표현을 할 수 있고, 기분이 좋고 나쁨, 감정의 상태, 하고 싶은 것, 하기 싫은 것을 구별해서 말하기도 한다. 처음엔 삶과 연관된 단어부터 배우던 아기가 자라면서 자기 기분, 자기 주위에 연관된 단어를 배우고 단어 나열을 통해 대화를 시작한다.

아기가 자라서 어른이 되면 이제부턴 누군가와 대화를 길게 하기도 하고, 상대방을 설득하게 된다. 말도 못하던 아기가 듣기부터 시작하더니 곧이어 대화를 하고 자유자재로 의사표현을 하게 되는 기적이 눈앞에 펼쳐진다.

그래서 말하기보다 듣기를 먼저 해야 한다. 듣지 못하면 말할 수가 없다. 사람의 일생도 마찬가지다. 배우지 못하면 발휘할 수 없다. 알지 못하면 사용할 수 없다. 선택할 수가 없다.

이와 같은 이치다. 자기의 꿈이 뭔지 모르고, 하고 싶은 일이 뭔지 모르겠다고 방황하는 대신, 이 세상의 일들에 대해 도전하고 배워나가는 게 필요하다. 알지 못하니까 선택을 못하는 거다. 좁게 아니까 좁게 선택하는 것과 같다. 많이 알면 선택의 폭이 넓어진다.

듣기를 좋아하는 사람은 정보가 많아진다. 정보를 가지고 있는 사람은 들어줄 준비가 되어 있는 사람에게 한없이 관대해지는 법이다. 타인과의 대화가 귀찮아서 처음부터 단절시키는 사람은 정보의 접근을 어렵게 한다. 잘 들어주면서 맞장구쳐주는 것만으로 한 편의 대화가 완성된다.

26.
나한테 좋은 말,
그렇지 않은 말

오프라 윈프리의 말이 TV 속에서 출연자에게 건너가는 순간, 시청자들은 어떤 재미있는 상황이 벌어질까 기대하며 다음 장면을 기다린다.

좋은 말이라는 걸 알기에 기대하고 즐거울 준비를 하게 된다. 이처럼 '좋은 말'이란 기대를 받는 말이면서 다 같이 들어도 '행복한 말'이라야 한다. 그런데 자신의 이야기를 시청자들이나 방청객들이 기대한다는 걸 그녀도 아는지, 그녀가 진행하는 쇼에서도 오프라 윈프리는 '시청자 분들을 위해' 또는 '○○○를 위해'라는 말을 자주 한다.

오프라 윈프리의 좋은 말 그리고 그 말을 할 때 모습은 어떤가?

그녀는 이야기할 때, 그 자세도 남다르다. 상대방에게 부탁을 구하는 요청을 할 때는 눈빛이 따스해지는 상태가 된다는 특징이 있다. 꼿꼿이 서서 눈을 부라리며 이야기하지 않는다. 정을 가득 담은 눈빛으로 대화를 시작한다.

그녀처럼 방송생활을 오래했으면 후배들도 많고 너무 겸손한 모습만을 보이는 것은 좋지 않은 거 아닌가 생각될 수도 있다. 하지만 항상 그녀는 방송에서 겸손하고 예의바른 이미지를 유지한다. 의도만을 가지고 만들기에는 힘든 일이다. 그녀의 착한 본성이 그대로 드러나는 부분이라고 여겨지는 이유다.

그녀는 말이라는 씨앗이 사람들 가슴에서 뿌리를 내린다는 걸 알기에 좋은 말, 도움이 되는 말을 하려고 노력한다. "말 한마디에 천 냥 빚 갚는다."라는 옛 속담이 있다. 이 말을 현대판으로 바꿔 표현하면 "말 한마디에 사람의 감정을 움직일 수 있다."가 적절할 것이다.

말의 힘은 화려한 미사여구나 전문적인 용어를 줄줄이 읊는다고 해서 저절로 생겨나는 것이 아니다. 초등학생도 알아들을 수 있는 어휘를 선택해 진심을 담아 건넨다면 그것이 가장 좋은 말이며, 공감 능력을 이끌어내는 최고의 방법이다.

나한테 좋은 말이 있고 그렇지 않은 말이 있다는 건 세상 사람들 누구라도 안다. 하지만 나한테 좋은 말이 있는 것처럼 남들에게도 좋은 말이 있다는 걸 확실히 알아둬야 한다. 그 이유는 좋은 말이 만드는 열매가 한 사람의 인생을 바꿔주는 거대한 능력을 가졌기 때문이며, 좋은 말 한마디만으로도 누군가의 인생이 풍요로워지고 행복해지기 때문이다.

한 번 내뱉은 말은 누군가의 가슴에 뿌리를 내린다. 입에서 나간 말은 사라지지 않는다. 물처럼 엎질러진 다음엔 건조한 공기 속에서 말라서 사라지기라도 하면 좋은데 그렇지도 않다. 입 밖으로 한 번 튀어나간 말은 허공을 돌아다니다가 누군가의 귀를 통해 그 사람의 가슴에 자리를 잡고 뿌리를 내린다. 그래서 말 한마디를 함부로 꺼내선 안 된다. 말 한마디가 한 사람의 인생을 변화시키기 때문이다.

내가 내뱉은 한마디의 말에 누군가는 인생을 건다. 하고 싶은 일이 무엇인지 모르고, 자기의 꿈이 뭔지 모르겠다고 방황하는 청춘들에겐 더욱 그렇다. 목표를 심어주는 말은 그 사람의 삶이 되고 인생이 된다. 세상에 쓸데없는 말은 한마디도 없다.

사람이 하는 말이란 마치 '주문'과 같아서 영원히 죽지 않고 이리저리 옮겨 다닌다. 그렇게 맴돌다가 자기를 받아주는 사람의 가슴속에서 뿌리를 내리고 성장한다.

⋮ 자신감, "씩씩하게 이야기해요." ⋮

대화할 때는 무엇보다도 이야기하는 사람 스스로가 자신감이 있어야 상대에게 더 설득력을 갖는다.

가령, 돈을 빌려달라는 부탁을 하는 경우를 예로 들어보자. 기운 없고 풀 죽은 목소리로 돈을 빌려달라고 하는 것과 기운 넘치고 씩씩하게, 자신감 넘치는 태도와 표정으로 이야기하는 것과는 상대가 느끼는 정도가 다르다. 돈을 빌려달라고 부탁하는 사람을 보면서 속으로는 돈을 빌려줄지 말지 결정해야 하는데, 이야기가 힘이 없고 기운 처진 모습이라면, 아무리 돈이 많아도 선뜻 빌려주기 힘들 것이다. 이야기를 듣는 사람은 말하는 사람의 눈빛, 목소리, 태도, 호흡을 온몸으로 느낀다. 스스로 자신감을 가져야 하는 이유다.

어느 사업가의 이야기다.

"내가 사업이 잘 나가고 돈 많이 벌 때는 주위 사람들을 엄청 도와줬거든. 술도 사주고 밥도 사주고 했지. 그런데 내가 사업이 힘들어졌다고 소문이 난 모양인지 조금 어려워져서 돈을 빌리려고 하니까 아무도 도와주지 않더라 이거야. 그래서 아, 이거 방법을 바꿔야겠구나! 다음부턴 전화를 걸어도 이렇게 말했지. 야! 얼굴 좀 봐야지? 잘되지? 어려운 거 있으면 말해. 그래그래. 그리고 내가 요즘 부동산이고 주식에 돈을 넣어놔서 그래. 얼마 되지도 않는 현금이 돌지 않아서 그런데, 빨리 쓰고 줄 테니까 돈 얼마만 줘봐. 구좌번호는 알지? 그리고 이번에 바쁜 거 해결하고 조만간 얼굴 좀 보자. 또 뭉쳐야지?"

사업가는 웃으며 이야기한다.

"그랬더니 돈을 빌려주더라고. 돈 빌릴 때도 미안함을 갖지 말고 씩씩하게 빌려야 돈도 빌릴 수 있는 세상이라니까."

무엇보다 많은 사람들 앞에서 말을 하는 기회가 생겼을 때, 자신감은 매우 중요한 부분이다. 이때 말에 자신감을 실을 수 있는 몇 가지의 방법이 있다. 먼저, 정면을 바라보고 등을 보이지 않는 것이 좋다.

'~거든요' 식의 해요체를 쓰는 경우, 윗사람들에게는 버릇없다는 인상을 남길 수도 있다. '~같아요'의 어투는 여성들이 은연중에 가장 많이 쓰게 되는 말이다. 자신감이 없어 보이기 때문에 자주 쓰는 것은 좋지 않다. 대신 '~라고 생각합니다'와 같이 '~합니다'로 쓰는 것이 더 예의를 갖추는 말하기가 되고 훨씬 자신감이 넘쳐 보인다.

말을 할 때의 자세는 몸을 기대거나 움직이거나 팔짱을 끼는 행동을 하지 않도록 주의해야 한다. 간혹 손으로 입을 가리거나 머리를 만지는 사람도 있는데 자신감이 없어 보일 수 있으니 주의하도록!

자신이 어떤 말을 할 것인지 요점을 먼저 정확하게 머릿속에 그림을 그린 후, 예정된 순서대로 말하는 것도 좋은 방법이다. 무엇보다 자신감 있는 말하기는 서둘러 끝내려는 조급함을 없애고, 느긋하게 내 할 말을 다 하겠다는 자세가 중요하다. 발음이 잘 안 된다면 속도를 늦춰서 정확하게 발음하고 끝까지 평균적인 속도로 말을 끝마치는 것이 좋다.

27.
대화의
주인공 되기

오프라 윈프리는 대화를 나누면서 이야기의 흐름을 통제한다.

오프라 윈프리 쇼의 초대 손님은 그녀만 보고 이야기한다. 하지만 그녀는 출연자의 이야기뿐만 아니라 녹화 현장의 모든 상황을 눈으로 보고,

귀로 들으면서 방송을 조율한다. 그러면서 가끔 초대 손님의 말을 끊는 순간이 있다.

열심히 무언가를 말하던 출연자가 자기 이야기를 끊는 그녀에게 기분 나빠하지 않겠냐고? 아니다. 바로 그 부분에서 오프라 윈프리가 영리한 사람이라는 게 드러나는데, 그녀가 출연자의 대화 중간에 뛰어들 때도 자세히 들어보자.

"○○○씨가 이야기하는데, □□□씨는 왜 그러세요?"

이렇게 말하며 환하게 웃는다. 시청자들은 '왜 그러세요?'에 시선을 집중하게 되고, 초대 손님은 자기가 열심히 말하는데 □□□는 뭘 하고 있던 것인지 궁금해져서 쳐다보게 된다. 물론 TV 맞은편에서 리모컨을 들었던 시청자도 □□□를 카메라가 빨리 비춰주기를 기다린다. 순간 시청률이 급상승하는 절묘한 타이밍이 된 것이다.

심지어 초대 손님은 오프라 윈프리가 자기 이야기를 끊었다는 걸 눈치채지 못하고, 오히려 자기 얘기를 안 듣던 사람을 찾아내준 것에 대해 인간적인 따뜻함마저 갖게 된다.

그럼, □□□은 부끄럽고 당황해서 제일 기분 나쁠 것 같다고? 아니다. □□□는 오히려 그녀에게 또 고마움을 갖는다. 다른 사람을 비추던 카메라를 가져와서 자기를 돋보이게 해준 그녀인데 고마움이 생기지 않을 수가 없는 거다. 말을 적게 하며 상황을 지켜보다가 필요할 때 이야기한 그녀의 입장에서는 ○○○와 □□□라는 친구를 얻게 되는 순간이 된다.

이 순간 재미있는 상황이 또 벌어지는데, 오프라 윈프리가 가리킨 상황에서 모든 출연자가 빵 터지며 웃는 경우다. 자기 얘기에 집중하던 출연자도 웃고, 다른 출연자들도 그 상황에 빠진다. 심지어 카메라 뒤에 있던 제작진들도 같이 웃게 된다.

물론 제작진들은 프로그램 출연자가 만드는 상황이 더 재미가 나고 분위기가 고조되도록 항상 더 크게 웃어주는 일도 있지만, 그 순간만큼은 그녀의 진행 솜씨에 빠져서 그들도 스스로 방청객이 되고 만다.

하지만 바로 그 순간, 오프라 윈프리를 보자. 그녀는 모든 사람들이 빵 터지며 웃는 순간이라도 상황이 정리되기 5초 전쯤엔 이미 화제를 돌리고 있는 중이라는 걸 보게 된다. □□□을 가리키며 웃음을 만들었지만 사람들 속에 섞여 같이 웃는 게 아니라, 그 상황 속에서 또 다른 웃음 요소를 찾아내려고 노력한다는 뜻이다. 시청자의 눈은 카메라를 쫓아가지만, 카메라는 그녀를 따라가는 형국이 벌어진다.

여기서 중요한 것?

그렇다. 그녀는 말하지 않고 듣고 있던 사람이라는 사실이다. 많이 들을수록 그 자리에 주인공이 되는 이유다.

대화는 거리감이 중요하다. 몸이 멀어지면 마음도 멀어진다. 지역적으로 멀리 있는 사람만 해당되는 건 아니다. 송년회, 친목회, 동창회 등 모임에서도 마찬가지다. 한 공간 안에서 바로 옆자리가 아니라 조금 떨어진 자리, 이야기를 건네기엔 서로의 말소리가 전달되지 않을 거리, 이럴 때 대화의 기술은 가장 멀리 앉은 사람과 대화를 시도해야 한다. 아주 가까운 한 공간에 있어도 거리감이 있다면 대화가 안 되고, 대화할 수 없다면 감정 공유가 안 되므로 관계가 서먹해질 수 있다. 거리의 중요성을 다시금 깨닫게 되는 순간이다.

그런데 가장 멀리 앉은 사람과 대화를 나누게 될 경우, 그 사이에 앉은 사람들의 시선을 집중시키는 효과가 있으며, 대화하는 중간에도 다른 사람들의 이야기에 자연스럽게 끼어들고 참여할 수가 있게 된다. 대화의 흐름을 통제하는 또 다른 힘이 생기게 된다.

：말 가로채지 않기, "이야기를 전부 들어주세요."：

말하는데 중간에 다른 사람이 가로막는다는 거? 화장실에서 나가려는데 화장지가 없는 상황과 유사할 정도로 황당한 기분이 들게 한다. 사이가 좋고 친한 친구관계라고 해도 '대화 끊기'는 삼가야 할 일이다.

"야! 내 말 왜 끊어?"

"나도 좀 말 좀 하자."

"내 말 먼저 듣고 네 이야기해."

"무슨 말만 하면 중간에 톡톡 끊고 왜 그래? 나 말하지 마?"

한창 이야기를 하려는데 다른 사람이 이야기를 끊을 때 하는 이야기들이다. 이야기는 끝까지 다 듣고 내 이야기는 나중에 하는 습관을 들이자. 대화에서 말하기의 가장 기본적인 예의이자 노하우이기도 하다.

어느 회사의 회식자리에서 생긴 일이다. 회식을 가진 호프집에는 서빙을 하는 여종업원이 있었는데 미모가 뛰어났다. 그녀의 마음을 누가 먼저 사로잡을 수 있을지 직원들끼리 내기를 했다. 한 직원은 잽싸게 밖으로 달려나가 장미꽃 한 다발을 들고 와서 그녀에게 건넸다. 그런데 그녀는 당황했는지 꽃을 받기를 완강히 거부했다. 말재간이 좋은 한 직원은 그녀와 농담 따먹기를 하며 은근히 데이트 신청을 건넸다. 그녀는 역시 거절했다.

그런데 그들 중 단 한 사람, 그녀의 관심을 끈 사람이 있었다. 그녀의 마음은 그에게로 꽂혔다. 그는 누구였을까? 그는 다름 아니라 아무런 말도 하지 않고 그 자리에 가만히 앉아 술을 마시고 있던 고독남이었다.

소개팅 자리나 여러 이성 간의 만남에서도 말이 지나치게 많은 사람은 분위기만 띄우는 데에 일조할 뿐, 정작 본인의 실속은 못 차리는 경우가 허다하다. 너무 많은 말을 해 버리면 진심을 나눌 기회가 사라진다. 어색한 분위기를 깨기 위한 유머도 타이밍과 빈도수가 적절해야 한다. 가벼운 농담을 대화하는 내내 듣고 있어야 한다고 생각해보라. 말을 독점하는 사람은 상대방을 피곤하게 만든다.

'촐싹거림'이나 '수다'가 지나치면 대화에서 마이너스 요인이 될 수 있다. 친구들과 모여서 스트레스 해소용으로 떠드는 수다가 아닌 이상, 버릇처럼 대화에 끼어드는 행동은 자제하자. 눈치껏 화제를 고르고 센스 있게 말의 강약을 조절할 필요가 있다.

28.
유쾌, 통쾌, 상쾌,
유머로 말하기

오프라 윈프리는 자신의 모든 상황을 유쾌한 이야기로 바꿀 줄 아는 천재적인 재능이 있다.

그녀의 말 한마디 한마디에 분위기가 가라앉았던 스튜디오에 다시 웃음꽃이 번지며, 재미있고 유쾌한 방송이 되는 게 보인다. 슬픈 이야기이지만 슬픈 이야기로 받아들이지 않고, 거기서 행복을 찾는 그녀만이 보여줄 수 있는 능력이다. 방송 내내 스튜디오 안에서 이야기를 듣던 방청객들 역시, 그녀의 웃는 얼굴을 보며 웃음으로 화답한다.

재미있는 이야기는 긴장을 풀어준다. 한번은 세미나를 듣는데 여지없이 참석자들 모두 약속이나 한 듯 병에 걸린 닭처럼 고개를 끄덕이기 시작했을 때였다. 일순간에 졸음을 쫓아내고 정면을 주시하게 하는 말이 들렸다.

"퀴즈를 맞히면 맛있는 사탕을 드리겠습니다!"

그 순간 수백 명의 행사장 참석자들이 거의 동시에 누가 먼저랄 것도 없이 앞을 바라보기 시작했다. 사탕을 주겠다던 사람은 세미나 발표를 맡은 사람이었는데, 그의 양손엔 꼬마들이나 좋아할 만한 큼지막한 사탕 여러 개가 들려 있었다.

Q. '제가 발표하려는 주제는 뭘까요?'
A. '네! 올해 신사업 홍보마케팅 전략입니다!'
Q. '정답입니다. 자, 지금 어디 계세요? 사탕받으러 오세요!'

조용하던 세미나장에 웃음이 번지고, 참석자들이 정답을 맞히면서 사탕을 받으러 나가는 사람들의 모습이 보였다. 사탕을 주는 사람이나 받는 사람 모두 얼굴엔 웃음이 번졌다. 세미나장은 순간 경연장으로 변하면서, 딱딱한 주제가 부드럽고 달콤한 이야기로 들렸다. 무겁게 가라앉았던 세미나장 분위기는 놀이공원처럼 달아올랐다.

사람의 귀는 재미있는 이야기와 재미없는 이야기를 득달같이 구별한다. 누가 가르쳐주는 것도 아닌데, 사람의 귀는 재미없는 이야기엔 문을 닫아 버린다. 그래서 이야기하는 사람이나 듣는 사람이나 각자 역할에 상관없이 힘들어한다. 사람 잘못이 아니다. 이야기하는 방법이 재미없어서다.

어떤 대화가 재미없다면 그 이유는 이야기가 재미없어서다. 사람은 본능적으로 재미없고 긴장되는 상황을 달가워하지 않기에, 어쩔 수 없이 가야 할 장소가 아니라면 되도록 피한다. 하지만 업무상 어쩔 수 없이 가야 하는 세미나 역시 그런 장소 중에 하나다. 재미가 있으리라곤 전혀 기대하지 않은 사람들, 이들을 앉혀 놓고 강연을 한다는 건 여간 어려운 일이 아니다.

이야기의 전달 방식이 달라야 한다. 그래서 대화의 기술엔 재미있는 이야기가 필수적이다. 사업설명회나 각종 행사에 개그맨들이 사회를 보는 이유다. 연예인이 초대되는 이유다. 재미있는 요소가 있다는 것 하나만으로도 최소 인원은 넘게 행사장을 찾는다.

오프라 윈프리가 진행자로서 보이는 모습, 그녀의 활동은 다른 스타들에게 어떤 모습으로 비춰질까? 시청자뿐만 아니라 다른 방송인들과 스타들에게도 '스타 진행자'로서 인정받게 된 그녀의 남다른 장점은 무엇일까?

TV에 비춰진 오프라 윈프리의 모습을 보자.

그녀는 방송에서 출연자들과 대화할 때, 패널들을 먼저 쳐다본 후에 초대 손님에게 시선을 돌린다. 그러면 방청객들은 마치 약속이나 한 듯이, 그녀가 쳐다보는 사람을 같이 바라본다. 오프라 윈프리 쇼에서 보게 되는 특징이다. 그녀는 한 사람을 지정해서 자기가 궁금해하는 질문만 하는 게 아니라 패널들도 궁금해하는, 여러 사람의 질문을 대표로 물어본다는 이미지를 던져준다.

초대 손님이 이야기를 시작하고 이어가면서, 그 내용에 따라 방청객들의 반응을 보여주는 것은 그다음 순서다. 이야기하는 사람의 내용 하나하나에 패널들이 반응해주고 다른 질문도 해주며 상황을 이어간다.

그런데 이때가 또 재미다. 오프라 윈프리는 초대 손님의 이야기를 듣다가 다른 질문을 하기 전이나, 이야기하는 사람의 대화에 반응을 보이기 전에 카메라를 슬쩍 먼저 쳐다본다. 피디나 작가들이 초대 손님의 이야기를 듣다가 던지는 '순간 질문'을 잡기 위해서다.

그다음엔 초대 손님의 이야기가 마무리되고 이어서 패널들의 이야기로 넘어오기 전에 게스트 패널로 온 개그맨들에게 이야기를 던져준다. 쉴 틈을 확보하는 시간이다. 그런 다음에 초대 손님에게 다시 이어가는데, 재미있는 동작은 바로 다시 재연해주며 재미를 극대화해준다.

바로 여기서도 펀Fun한 이야기가 가슴을 흔든다는 게 드러난다. 유머와 웃음은 분위기를 부드럽게 만드는 윤활유다. 그녀가 사람들의 가슴을 흔드는 방법이다.

: 대화의 꽃 유머, "이야기가 더 재미있어요." :

유머는 대화의 꽃이다. 대화하면서 이야기 중간에 적절하게 사용하는 유머는 이야기의 전달력을 더 세게, 깊이 만들어주는 양념이다. 유머는 이야기 속으로 더욱 몰입하게 해주는 기술이기도 하다.

가령, 자동차가 달린다고 상상해보자. 너무 빠르다. 쉴 새 없이 달리다 보면 목적지에 빨리 갈 수는 있지만 앞차만 따라가거나 차선만 보고 달리다보니 졸릴 수도 있고, 정신이 멍할 때가 있다. 그런 경우에 차에 동승한 사람과 나누는 대화에서 재미있는 이야기가 있다면, 그건 운전이 아니라 여행이 되는 것과 같다.

　지하철을 기다리다가 벽에 붙여진 글귀를 읽은 적이 있었다. 책에 인용하기 위해 대략 내용을 적었다.

　안달라스라는 청년은 자신의 스승에게 성공하고 싶다며 도와달라고 부탁했다. 자신은 돈도 없고, 많이 배우지도 못해 사회에 나가 인정을 받지 못할 것이 두렵다고 하였고, 스승은 제자에게 두 가지를 이야기를 해주었다.

　"성공하고 싶은가? 그럼 딱 두 가지만 실천해보거라. 첫 번째는 '내일'을 입에 올리기 전에 '실천'을 하면 된다. 더 이상 '내일'이 주는 게으름에 길들여지지 말거라. 두 번째는 웃기는 사람이 되는데 주저하지 않으면 된다. 신은 인간에게 값비싼 가치를 오히려 공짜로 주고 있단다. '시간'과 '사람'이라는 가치는 우리가 마음만 먹으면 얻을 수 있단다. 너는 세상에 나가면 '실천을 통하여 시간을 절약하고', '유머를 통하여 사람을 얻어라' 그럼 네가 생각하는 이상으로 빨리 성공할 수 있을 것이다."

　참으로 가슴에 마음에 와 닿는 글귀였다. 우리가 그토록 바쁘게 뛰어다니는 것도, 부자가 되고 싶은 것도 성공하고자 하는 욕구를 채우고 싶어서일 것이다. 이 글을 읽으면서 신은 우리에게 공짜로 세상의 가치를 주고는 있지만, 동시에 그것을 알아보지 못하도록 시야도 가려 놓은 것은 아닌지 하는 생각도 함께 들었다.

유머를 구사할 줄 아는 사람은 왠지 모르게 '넉넉한 마음을 지닌 사람', '긍정적인 마인드를 지닌 사람'으로 인식되도록 도와준다. 유머는 똑같은 메시지라도 강하고 빠르게 전달시켜주며, 사람과 사람 사이의 거리를 가깝게 해주는 동력을 지녔다.

만약 "저 사람과 같이 있으면 시간 가는 줄 몰라."라는 칭찬을 듣는다면 당신은 이미 유머형 인간이며 성공의 문턱에 가깝게 온 사람이다. 성공은 항상 '나를 응원해주는 사람'에서 시작되어 '나를 지원해주는 사람'으로 끝이 나며, 유머가 이러한 사람을 내 곁에 머물도록 도와주기 때문이다.

지금까지 유머나 화법의 대상은 비즈니스 관계를 맺는 사람, 동료나 친구, 잘 보이고 싶은 연인이 주요 대상이었다. 말 그대로 아직 완벽하게 내 사람이 되지 않은 사람에게 베푸는 서비스로만 인식되었던 것도 사실이다.

하지만 유머는 매일같이 얼굴 보며 사는 사람들에게 더욱 필요한 덕목이다. 아내, 남편, 자식, 부모에게 연중행사라도 좋으니 유머 서비스를 하도록 노력해보자.

일반적인 '사고의 정석'만으로는 유머형 인간이 될 수 없다. 수학문제를 풀 때도 한 가지 공식만 외우면, 그 공식에 대입시켜 문제를 푸는 것은 쉽지만 다른 공식으로 접근하자고 하면 금세 눈앞이 캄캄해진다. 만약 "결혼 언제 했나요?"라는 질문에 대부분의 사람들은 결혼 날짜나 계절로 답을 내놓는다. 그러나 사오정은 결혼 시각을 갖고 "오후 3시에 했습니다."라는 엉뚱한 답을 내놓아 웃음을 유발한다.

사실 많은 사람들은 유머형 인간이 되기 위해서 '거창한 대답이나 비밀 노하우'가 있을 거라 희망한다. 하지만 영어를 배울 때처럼 '단어'만 외우지 말고, 와 닿는 유머가 있다면 문장 통째를 반복적으로 외워 말해보자. 그렇게 되면 '어떤 대상'을 놓고 '어떤 장소'에서 '언제' 유머를 해야 할지 스스로 체득하게 된다. 가수들이 히트곡 하나로 여러 무대에서 들려주듯 유머도 마찬가지다.

준비된 유머를 구사하는 능력은 노력을 통해 개발될 수 있다. 거기에 몇 가지의 법칙이 있다.

첫 번째, 웃음도 전략이다. 하루에 10개 정도의 재미있는 얘기를 외워보자. 그리고 그중에 적어도 한두 가지는 하루 동안 누군가에게 써먹어보라.

두 번째, 다양한 매체에서 정보를 캐내라. 요즘은 특히 인터넷에 방대한 자료들이 넘쳐난다. 유머 사이트를 즐겨찾기 해두거나 뉴스를 봐두면 말할 거리가 많아진다.

세 번째, 유머를 즐기면서 해라. 혹시 못 웃기면 어떻게 하나 고민할 필요가 없다. 여러분은 개그맨이 아니니까.

주의에서 특히 말을 잘하는 사람들을 살펴보자. 그들은 상황마다 재치 있게 대화에 참여하고 적절한 타이밍에 치고 들어온다. 자신의 이야기 자체보다 듣는 사람에게 얼마나 재미있게 들릴지를 먼저 고민하고 연구한다. 타인을 앞지르거나 억누를 방법을 고민하는 사람이 얼마나 많은 세상인가. 그런데 어떻게 웃겨줄까를 고민하는 사람이 있다는 건, 슈퍼맨보다 더 위대한 영웅이 아닐까?

29.
대화로
합리적인 대안 찾기

오프라 윈프리는 이야기를 통해 문제를 해결하고 대화를 나누면서 해결책을 찾는다.

그녀의 대화에서 사람들이 진실해야만 하는 이유이기도 하다. 그래서 누구든지 그녀와 이야기를 나누면 각자의 고민이 해결될 것이라는 생각도 갖게 한다. 상대의 고민을 진지하게 들어주고, 모든 이야기를 끝까지 들은 후에 함께 고민을 풀 방법을 이야기한다.

제대로 완벽하게 짜내지 않으면 언제든 덧날 수 있는 종기처럼, 고민도 다 꺼내지 않으면 말끔히 해결되지 않는다는 걸 아는 그녀다.

고민이 닥쳤는가? 대화로 풀자. 가장 어려운 문제부터 이야기하기 시작하자. 사람이 살아가는 데 문제가 안 생길 수는 없다. 그리고 각자 앞에 닥치는 문제는 쉬운 일, 어려운 일, 그저 그런 일, 재미있는 일, 재미없는 일 등으로 나뉜다. 문제가 안 생길 수는 없는데, 더 큰 문제는 자기 앞에 닥친 문제를 받아들이는 사람의 태도다.

당신은 문제가 생기면 어떻게 해결하는가? 선배나 어른을 찾아가서 해결책을 물어보는가? 인터넷을 뒤져가며 지식을 찾아보는가? 이도저도 답이 안 나오면 도저히 해결할 방법이 없다고 스스로 자책하거나 그대로 포기하는가?

가장 큰 문제는 그 문제 자체가 아니라 당신이 문제를 받아들이는 태도에 있다. 대화하면서 문제를 풀어내는 사람들이 많다. 지식을 구하고, 지혜를 구한다. 학교 다닐 때 공부를 잘하는 것은 지식을 많이 쌓은 덕분인데, 세상에 나와서 사회활동을 하면 학교에서 배운 '지식'만으로는 해결할 수 있는 게 하나도 없는 걸 안다. 이럴 때 필요한 게 '지혜'다.

그런데 자기의 문제를 해결하는 사람들을 보면 항상 어려운 일부터 맞닥뜨린다. 뒤에 숨거나 도망가지 않고 정면으로 승부한다. 이런 사람들은 이야기한다. 어려운 문제가 생겼다고 해서 피하게 되면 그 문제를 해결할 확률은 100% 없지만, 문제를 피하지 않고 정면 승부하게 되면 승률은 5:5가 된다고 말이다.

자신이 고민이 있거나 힘들 때, 낙천적인 사람과 시간을 보내면 세상에서 가장 '무거웠던 고민'이 금세 '솜사탕처럼 가벼워진다.' 누군가에게 자신의 고민을 이야기한다고 해서 그 일이 바로 해결되는 것은 아니다. 하지만 자신과 함께 공감해주고 용기를 북돋워주는 말을 듣는 것만으로도 '그래 한번 부딪쳐보자'는 용기가 생겨나는 것이다.

"인생을 70년 살면 70번 변해라."

공자님 말씀이시다. 공자가 생각이 짧고 변덕이 심해서 70번을 바꾸라고 했을까?

자신이 부족하거나 잘못된 게 있으면 가치관이나 생각도 빨리 고칠 수 있는 유연함을 강조한 말이라고 생각한다. 쓸데없는 고집이나 원칙을 내세우는 게 아니라 새로운 환경에 맞는 대안을 생각해내고 실행하라는 것이다.

휘어지긴 할지언정 부러지지 않는 게 결국 최후의 승자가 될 수 있다는 지론이다. 막히면 돌아갈 길을 찾아보고, 벽이 높으면 탈출할 다른 방법을 모색해보고, 상처가 나면 울고불고 할 게 아니라 재빨리 상처를 다스릴 수 있는 약을 구해보는 것이야말로 가장 현명한 처세술이 아닐까?

대화 도중에 어떠한 역경에 부딪치더라도 당황하지 않기를 바란다. 찾아보면 반드시 해법이 있기 마련이다. 찬찬히 돌파구를 모색하면 분명 길이 보인다. 언제나 성미가 급한 사람이 패배한다. 물론 저돌적으로 밀어붙여야 승산이 있는 경우도 있겠지만, 대부분의 세상일은 한 템포 늦추고 곰곰이 생각해본다면 해결책은 저절로 나온다. 그것이 합리적인 대안 찾기다.

ː 진솔하게 말하기, "두렵거나 떨리지 않아요." ː

이야기가 진솔해야만 되는 이유는 거짓은 금방 탄로가 나기 때문이다. 오프라 윈프리는 항상 진솔하게 말한다. 진실한 이야기는 떨리거나 두렵지 않다. 진실은 항상 당당하다. 그녀는 체중 때문에 방송국에서 쫓겨난 적이 있다. 눈물겨운 다이어트로 체중을 줄인 후, 방송에 복귀하면서 그녀는 자신의 어두운 과거를 가감 없이 폭로했다.

사람들이 그녀의 과거를 용서하고, 다시 그녀를 주목한 이유는 단순하다. 그녀가 과거를 고백할 때, 진솔한 자세로 말했기 때문이다. 표정과 태도와 말의 내용이 과거의 잘못을 참회하고 어둠을 떨쳐내는 용기로 가득 차 있다는 메시지를 정확하게 전달한 것이다. 이처럼 그녀의 말하는 태도는 우리에게 많은 것을 시사한다.

그런데 때로는 진실과 거짓의 그 경계가 애매모호할 때가 있다. 가령, 사업상 계약을 하는 경우를 생각해보자. 계약에 대해 대화하는 경우를 말한다. 이 경우엔 진실과 거짓의 차이가 애매모호해진다. 어떤 일에 대해서 제안이 왔을 때는 그 이야기의 조건을 보는 게 아니다. 조건은 얼마든지 협상하는 과정에서 약간 조정되기 마련이다. 세상의 모든 제안에서 '난 이거 아니면 안 해'라는 식으로 협상을 거치지 않는 불변의 조건이란 없다.

제안을 이야기하는 자리에서는 그 이야기 너머에 담긴 진실을 찾아야 한다. 제안을 받거나 거절하게 되면 내게 생기는 이익이나 불이익을 보라는 게 아니다. 내게 생기는 물질적인 이익을 떠나서 무형의 가치를 더 얻을 수 있는지, 아니면 내가 유지해온 가치를 무너뜨리는 나쁜 결과를 갖게 되는지 그걸 따져야 한다. 이야기 너머에 담긴 진실의 가치를 반드시 점검해야 한다.

하지만 사업적 이야기가 아닌, 살아가는 데 닥친 고민이나 좌절에 대해 겪는 고통의 크기 등을 이야기한다고 가정해보자. 간혹, 고통의 크기를 과장하며 자기가 얼마나 큰 아픔을 겪고 있는지 말하고 싶어 하는 사람들이 있다. 이 경우에도 상대를 무조건 배려하고 존중하고 예우를 갖춰 줄 것인가?

그건 아니다. 오프라 윈프리의 대화에 있어서 진솔해야만 하는 대화란 고통의 크기를 있는 그대로 이야기하는 솔직함을 말한다. 기쁨도 그 크기대로, 고통도 그 크기대로 말하는 자세다. 이야기가 진솔할수록 전파력이 강해지고 공감하는 사람들이 늘어난다.

누구에게나 고민이 있고 고통도 찾아온다. 그래서 고민과 고통은 나에게만 닥친 불행이 아니다. 그럼에도 불구하고 고통이 과장되면 이야기를 듣는 이들이 공감하지 않는다. 이미 그들도 고통을 겪어보고 그 자리에 나온 까닭이다. 고통을 들어주고 치유해주려고 온 사람들 앞에서 과장된 고통을 이야기할 필요는 없다. 이야기가 진솔해야만 하는 이유다.

30.
긍정적인 교감으로
조언하기

오프라 윈프리는 대화에서 참여를 중요하게 여긴다.

모든 문제 앞에서 혼자 고민하거나 좌절하지 않는 대신 사람들 앞에 꺼내 버린다. 그녀 혼자서 모든 문제의 해결책을 제시해주는 건 아니다. 그녀는 자기가 답하기 어려운 문제이거나 여러 사람들과 같이 고민해야 할 문제인 경우엔, 즉시 사람들 앞으로 그 문제를 갖고 나온다. 방청객이 답을 줄 때도 있고 방송을 보던 시청자가 답을 줄 때도 생긴다.

이와 같은 방식으로 그녀는 초대 손님과 방청객과 시청자들 모두를 문제해결의 장으로 불어모아서 답을 찾는 데 익숙하다. 대화라는 건 단지 둘만의 이야기가 아니라 세상 속으로 가져와서 여러 사람이 모여 나누는 이야기로 만든다. 그녀를 만나면설령, 오프라 윈프리가 답을 주는 게 아니더라도 그 사람의 문제가 해결된다.

자기 고집이 세고 자존심 강한 사람일수록 모든 문제를 혼자 해결하려고 든다. 남의 간섭을 싫어하는 게 아니라, 자기 자존심 때문에 쉽게 남에게 도와달라고 말하지 못한다. 가족에게라도 그건 마찬가지다. 자기가 알아서 하고, 혼자 해보겠다고 얘기한다. 그리고 문제 앞에서 혼자 외로워하며, 힘들어하고, 버거워한다.

조금만 둘러봐도 손을 내밀어 도와줄 사람이 있고, 어려움을 이야기하기만 하면 소매를 걷어붙이고 달려올 사람들이 있는데도 쉽게 말을 못하는 사람이기에 힘든 상황에 혼자 처하게 된다.

여러분은 고민이 생겼을 때, 어떤 방법으로 해결하는가? 사적인 일인 경우, 예를 들면 남자친구와의 갈등에 대한 고민이라면 친구를 찾게 된다. 직접 만날 필요도 없이 전화를 붙잡고 수십 분 통화를 하고 나면 그나마 속은 좀 후련해지니 말이다. 개중에는 고소한 듯 헤어지라고 극단적인 해결책을 던지는 얄미운 친구도 있지만 말이다.

직장 내에서도 당신과 친하거나 소위 코드가 맞는 무리들이 형성되어 있을 것이다. 상사와의 문제나 동료들 사이의 갈등은 이 무리 안에서 여러 번 안주거리가 되고 나면 언제 그랬냐는 듯 다시 일상으로 돌아간다.

정말 어려울 때, 세상이 나를 버린 것 같은 패배감과 외로움이 엄습해 올 때, 주변에 터놓고 말하기 좋은 친구, 고민을 상담해주는 친구가 한둘은 꼭 있지 않나?

그 사람들의 특징을 찬찬히 살펴보자. 그들은 아마도 반박보다 동조하는 말하기를 즐겨하고 있을 것이다. 누구나 자신만의 생각을 가지고 있지만, 혼자 알고 있는 것은 사실 아무런 감흥도 없다. 누군가 그 이야기를 듣고 아주 기발하다며 당신을 추켜세우거나 부족한 부분을 알려주어야만 더 적극적으로 실행에 옮겨지거나, 수정되고 보완될 수가 있다.

교감이란 반드시 긍정적인 쪽으로 고개를 끄덕여 주는 행위는 아니다. 이것은 관심의 정도라고 보면 될 것이다. 내 이야기를 상대방이 듣고 지나쳐 버리는가, 아니면 자신의 생각을 이야기해주고 조금 더 적극적으로 참여해주는가의 사이에는 큰 간극이 존재한다.

긍정적인 교감은 화자의 열정과 실행 의지에 불을 지핀다. 확신이 없던 아이디어에 동조자를 얻음으로써 50%의 가능성을 70% 정도까지 스스로 끌어올린다. 아이디어에 다시 아이디어가 더해져서 더 효과적인 방향으로 정립할 수 있다.

부정적인 교감은 화자에게 큰 상실감으로 다가온다. 물론 반박을 당하는 그 순간만 그렇다. 제3자가 바라보는 전혀 새로운 관점이 아이디어를 갈고 닦아 더 윤이 나는 실행 안으로 거듭나는 기회를 마련할 수 있다. 물론 의견 차이의 벽에서 너무 뻣뻣하게 굽힐 줄 모른다면 부정적으로 발전할 가능성도 크다.

이때 필요한 조언은 받아들이고 흡수시켜서 내 것으로 만들 수 있어야 한다. 최소한 상대방은 당신의 이야기에 귀를 기울이고 있고, 좀 더 발전적으로 방법을 모색할 수 있도록 열심히 위험요소나 오류를 찾아내고 있는 훌륭한 조언자다.

이들은 아무런 반응 없이 남의 이야기로 흘려버리는 대부분의 화자에 비해 확실히 당신에게 도움이 되는 존재다. 그들은 아마 당신 외에도 수많은 사람에게 그런 존재로 인식되고 있을 가능성이 크다.

: 의견 제시, "그런 경우도 가능하네요." :

어려움에 닥친 사람을 보면 오프라 윈프리처럼 해결 방법에 대해 의견을 제시하자. 어떤 의견을 제시할 때는 나쁘다, 좋지 않다, 틀렸다, 안 된다가 아니라 다시 생각해볼 여지가 있다 또는 노력해보겠다로 말한다.

'여지를 두는 일'이다. 거절하기 힘든 제안을 받을 때 '무조건 들어보기도 전에, 듣자마자, 생각해보지도 않고' 상대방에게 "안 돼!"라고 말하지 않아야 한다.

우리의 판단은 항상 옳은 게 아니다. 지금까지 우리의 판단이 100% 옳았다면 현재 우리의 위치가 불만족스러운 사람은 없다. 하지만 현실은 어떤가? 대부분의 사람들이 더 나은 환경, 더 나은 목표를 위해 노력하며 살아가지 않는가?

우리의 판단이 정확하지 않을 수도 있다는 얘기가 된다. 어려움에 빠진 사람도 안다. 자신의 어떤 판단이 실수였는지 당혹해한다. 그 사람 앞에서 넌 왜 그 모양이니, 칠칠맞지 못하다는 등으로 다그치는 건 그 사람에게 전혀 도움이 되지 않는다. 그 사람이 필요한 건 의견이다. 자기가 어려움을 이기고 빠져나갈 아이디어가 필요하다.

"말도 안 돼!" → "말이 될 수도 있지. 조금 더 생각해보자."

"불가능한 일이야!" → "앞으로도 가능하지 않은 일일까?"

"싫어!" → "좋은 일일 수도 있잖아?"

어떤 사람은 이렇게 의견제시하는 걸 두고 그 사람들을 '희망고문'에 갇히게 할 따름이라고 말할 수도 있다. 하지만 그것 역시 부정적인 의사표시일 뿐이다. 돌이켜보면 자신의 계획대로 모든 일이 이뤄진 경우는 별로 없다는 걸 알게 된다.

여러분도 마찬가지일 것이다. 지금까지 계획대로 순탄하게 흘러왔는가? 앞으로도 그렇게 될 것이라고 여기는가?

이 질문들에 대해 여러분은 확신하지 못한다.

의견을 제시하더라도 칭찬부터 시작한다. 칭찬하는 이야기는 '기분 좋은 이야기 상대가 되는 노하우'이기도 하다. 그 사람이 솔직하게 자신의 어려움을 이야기할 수 있도록 하려면 우선 칭찬하자. 문제를 정확하게 알아야 해결 방법을 찾을 수 있다. 무슨 병인지 알아야 치료할 약을 찾아낼 수 있는 것과 같다.

칭찬 방법은 적절한 타이밍이다. 적시에 상대방을 띄워라. 평소 상대방의 좋은 점을 캐치해두고 적절한 대화 타이밍에 상대방을 띄운다. 나는 잘난 사람이지만 이런 내가 보기에도 당신은 정말 잘났다 식으로 상대방이 부담스럽지 않게 적절한 유머를 섞은 칭찬이 좋다.

"의견 제시를 칭찬으로 해야 하는데, 정작 내가 칭찬을 받은 적이 없으면요?"

칭찬을 받아본 사람이 다른 사람을 칭찬할 수 있다. 사랑을 받아본 사람이 다른 사람을 사랑할 수 있는 것과 같다. 그런데 사람 사이에 사랑하는 감정처럼 칭찬 역시 혼자만의 비밀로 간직하고 좀체 드러내지 않는 사람들이 대부분이다. 그래서 칭찬과 험담이 속도 경주를 한다면 칭찬은 항상 험담에게 진다.

칭찬은 시속 4km로 움직이고 험담은 시속 400km로 날아간다. 칭찬을 받은 기억이 별로 없어서 누군가를 칭찬하기 어려운가?

그러니까 더더욱 이제부터라도 사람들을 칭찬하는 데 인색하지 말아야 한다. 칭찬은 악마도 천사로 바꾸니까. 칭찬은 사람의 마음을 움직이는 가장 강력한 무기니까 말이다.

칭찬의 효력이 어마어마하다. 오프라 윈프리가 방송인이라서 칭찬을 잘한다?

아무래도 여러 시청자들이 보는 프로그램들이니까 칭찬만 해야 하지 않을까 생각한다면 그것도 아니다. 요즘처럼 방송 프로그램에서 다른 사람에 대한 조롱하기와 놀리기로 재미를 만들려던 적이 또 있었을까? 코미디 프로그램뿐만이 아니다. 뉴스 프로그램이나 드라마, 예능을 보더라도 마찬가지다. 칭찬은 웃음을 주기 어렵기에 험담을 이용해서 만드는 프로그램들이 대다수다.

TV에서 활동하는 사람들 사이에서도 칭찬과 험담이 존재한다. 남들보다 우선 내가 튀어야 하는 곳이기에 남과 여 가리지 않고 모든 이야기가 오간다. TV 방송 프로그램에서는 시청자들에게 주목받을 수 있는 내용이라면 험담도 마다하지 않는다. 칭찬보다 험담의 속도와 파급력이 세다는 걸 이용하는 경우다.

하지만 험담은 거짓인 경우가 많고, 사람들 사이를 단절시키고 속도가 금방 줄어들며 사라지고야 만다. 반면에 칭찬은 속도가 느리지만 점차적으로 가속도가 붙어 어마어마한 속도로 전파된다. 게다가 칭찬은 사람들 사이에 선한 영향력을 퍼뜨리기까지 한다. 험담은 시속 400km이지만 1시간밖에 가지 못하고, 칭찬은 시속 4km이지만 멈추지 않고 계속 간다.

칭찬의 효력이 더 세다. 의견 제시는 칭찬부터 시작한다. 그래야만 상대방이 자기 어려움을 솔직하게 이야기할 수 있고 문제로부터 벗어날 수 있다. 둘 사이에 이야기가 오래 지속되는 건 너무나 당연한 결과다.

25년간 35,000명과 소통한 '대화의 기술'

오프라 윈프리의 대화법

지은이 이영호
펴낸이 이종록 펴낸곳 스마트비즈니스
등록번호 제 313-2005-00129호 등록일 2005년 6월 18일
주소 경기도 고양시 일산동구 정발산로 24, 웨스턴돔타워 T4-414호
전화 031-907-7093 팩스 031-907-7094
이메일 smartbiz@sbpub.net
ISBN 979-11-85021-79-9 03320

초판 1쇄 발행 2017년 7월 21일

살다보면 반드시 넘어지는 때가 있습니다.

끊임없이 기대치를 높여가다보면 말이지요.

끊임없이 자신을 더 높이, 더 높이 밀어붙이다보면

반드시 실패를 경험하게 됩니다.

그것은 그리스 신화에 나오는 이카로스를 생각할 것도 없이,

평균의 법칙만 생각해봐도 알 수 있습니다.

하지만 여러분이 그렇게 실패를 경험하게 될 때,

제가 지금 하는 이 말을, 꼭 기억하시기 바랍니다.

실패란 없습니다.

실패는 그저 우리 삶을 다른 방향으로 돌리려는

삶의 한 부분일 뿐입니다.

물론 어두운 굴 속에 빠져 있을 때는 그 순간이 실패처럼 보입니다.

제가 그랬을 때, 제 스스로에게 이런 말을 했습니다.

어두운 굴 속에 빠진 것 같은 느낌이 들면

잠시 동안 우울한 채로 그대로 있어도 괜찮다고요.

놓쳐 버린 것들에 가슴 아파할 수 있도록

스스로에게 시간을 좀 주세요.

하지만 중요한 것은 이겁니다.

우리는 모든 실수로부터 배워야 한다는 것입니다.

모든 경험, 만남, 특히 실수는 스스로 당신을 가르쳐서

더 나은 사람이 되도록 촉구하기 때문입니다.

그리고 그다음에 할 올바른 길을 찾아보세요.

인생의 열쇠는 내면의 도덕적이고 감성적인

GPS를 세우는 데 있습니다.

그 GPS는 당신이 어떤 길을 가야 할지를 알려줍니다.

살다보면 때로 넘어질 수 있습니다.

여러분은 반드시 넘어질 것입니다. 믿으세요.

반드시 여러분은 자신의 길에 대해 의문과 의심을 가질 것입니다.

그럴 때 당신의 작은 목소리,

당신 내면의 GPS를 따라가십시오.

당신 자신을 생동케 하는 그 목소리를 들을 수만 있다면

당신은 괜찮을 뿐만 아니라, 행복하고 성공할 것입니다.

그리고 당신은 세상을 변화시킬 것입니다.

• 오프라 윈프리, 하버드대학교 졸업 축사에서 •